THE

SANGITASAMAYASARA

OF

SANGITAKARA SRI PARSVADEVA

THE

SANGITASAMAYASARA

OF

SANGITAKARA SRI PARSVADEVA

EDITED BY

T. GANAPATI SASTRI

GYAN

Published by

Gyan Publishing House
5, Ansari Road
Daryaganj, New Delhi-110002
Phone: 011-47034999, 9811692060
E-mail: books@gyanbooks.com

Distribution Network
gyanbooks.com
India, USA, Canada, UK, Australia

ISBN: 978-93-6780-395-0 (HB)

First Published, 1925

2nd Impression 2024

Printed at: Gyan Press, Delhi.

THE SANGITASAMAYASARA OF SANGITAKARA SRI PARSVADEVA
Editor: T. GANAPATI SASTRI

THE
SANGÎTASAMAYASARA

OF

SANGÎTÂKARA SRÎ PÂRSVADEVA

EDITED BY

MAHÂMAHOPÂDHYÂYA

T. GANAPATI SÂSTRÎ

Honorary Member of the Royal Asiatic Society of Great Britain and Ireland
Honorary Doctor of Philosophy, University of Tubingen,
Curator of the Department for the Publication of
Sanskrit Manuscripts, Trivandrum.

PUBLISHED UNDER THE AUTHORITY OF THE GOVERNMENT OF
HER HIGHNESS THE MAHARANI REGENT OF TRAVANCORE.

TRIVANDRUM:
PRINTED BY THE SUPERINTENDENT, GOVERNMENT PRESS.
1925.

सङ्गीताकरनामधेयश्रीपार्श्वदेवविरचितः

सङ्गीतसमयसारः

संस्कृतग्रन्थप्रकाशनकार्याध्यक्षेण
लण्डनपुरस्थराजकीयैप्याखण्डीयविद्यासेवकसमाजपूज्यसभ्यपदभाजा
पिहेच्. डि. (ट्वबिङ्गन्) पदसत्कृतेन
महामहोपाध्यायेन
त. गणपतिशास्त्रिणा
संशोधितः ।

स च
अनन्तशयने
महामहिमश्रीसेतुलक्ष्मीमहाराज्ञीशासनेन
राजकीयमुद्रणयन्त्रालये तदध्यक्षेण
मुद्रयित्वा प्रकाशितः ।

कोलम्बाब्दाः ११०१, क्रैस्ताब्दाः १९२५.

PREFACE.

Sangîtasamayasâra is the first work on music offered to the public in the Trivandrum Sanskrit Series. A manuscript of this work in Malayalam characters about two or three centuries old was obtained from the Punjar Palace in the year 1917; and as no other manuscript has been procured notwithstanding my long search for it, this edition is prepared with the help of the solitary manuscript. The author of the work is Pârsvadeva as is evident from the colophon at the end of the manuscript, "इति श्रीमदभिनवभरताचार्यसरविमलहेमणार्यविद्यापुत्रश्रुतिज्ञानचक्रवर्तिसङ्गीताकरनामधेयपार्श्वदेवविरचिते."

It is not known when and where the author lived, but it is probable that he was of Jain persuasion inasmuch as he bore the name of Pârsvanâtha, one of the Jain Tirthankaras.

TRIVANDRUM,
22-2-1101.

T. GANAPATI SÂSTRÎ.

निवेदना ।

अस्मत्संस्कृतग्रन्थावलौ सङ्गीतशास्त्रस्येदम्प्रथममेतद् ग्रथनम् । ग्रन्थश्चायं सङ्गीतसमयसार इत्याख्यातः । अस्यैकस्तालपत्रादर्शः केरलीयलिपिर्द्विशवर्षशतवृद्धः १९१७ तमे वर्षे पून्यार् राजगृहग्रन्थालयाद् मया समासादितः । कृतेऽपि चिरान्वेषणेऽस्य द्वितीयादर्शानुपलम्भाद् उपजाततदुपलम्भनैराश्येन तमेवैकमुपलब्धचरमादर्शमाश्रित्य ग्रन्थोऽयं संशोधितः, उपलब्धभागावधिरधुना प्रकाश्यते ।

"इति श्रीमदभिनवभरताचार्यसरविमलहेमेणार्यविद्यापुत्रश्रुतिज्ञानचक्रवर्तिसङ्गीताकरनामधेयपार्श्वदेवविरचिते" इति ग्रन्थान्तिमवाक्यात् पार्श्वदेवोऽस्य ग्रन्थस्य प्रणेतेति ज्ञायते । तस्य कोऽभिजनदेशो जीवितकालो वेति नावगच्छामः । किन्तु स जैन इत्येतावदनुमातुं शक्नुमः, यतो जैनतीर्थङ्करेष्वन्यतमस्य पार्श्वनाथस्य तत्रभवतो नामधेयेनात्मानं व्यपदिशंस्तद्भक्तत्वमात्मन आविष्करोति ।

अनन्तशयनम्,
२२–२–१९०१.

त. गणपतिशास्त्री.

सङ्गीतसमयसारविषयानुक्रमणिका ।

॥ श्रीः ॥

सङ्गीतसमयसारः

सङ्गीताकरनामधेयश्रीपार्श्वदेवविरचितः ।

प्रथममधिकरणम् ।

नादोत्पत्तिर्यथाशास्त्रमिदानीमभिधीयते ।
स्वरो गीतं च वाद्यं च तालश्चेति चतुष्टयम् ॥ १ ॥

न सिध्यति विना नादं तस्मान्नादात्मकं जगत् ।
नादात्मानस्त्रयो देवा ब्रह्मविष्णुमहेश्वराः ॥ २ ॥

नाभौ यद् ब्रह्मणः स्थानं ब्रह्मग्रन्थिश्च यो मतः ।
प्राणस्तन्मध्यवर्ती स्यादग्नेः प्राणात् समुद्भवः ॥ ३ ॥

अग्निमारुतयोर्योगाद् भवेन्नादस्य सम्भवः ।
नकारः प्राण इत्युक्तो दकारो वह्निरुच्यते ॥ ४ ॥

अर्थोऽयं नादशब्दस्य संक्षेपात् परिकीर्तितः ।
स च पञ्चविधो नादो मतङ्गमुनिसम्मतः ॥ ५ ॥

अतिसूक्ष्मश्च सूक्ष्मश्च पुष्टोऽपुष्टश्च कृत्रिमः ।
अतिसूक्ष्मो भवेन्नाभौ हृदि सूक्ष्मः प्रकाशते ॥ ६ ॥

पुष्टोऽभिव्यज्यते कण्ठे त्वपुष्टः शिरसि स्मृतः ।
कृत्रिमो मुखदेशे तु स्थानभेदेन भासते ॥ ७ ॥

अव्यक्तः शिरसीत्युक्तः कैश्चित् तन्नोपपद्यते ।
बिन्दुरुत्पद्यते नादान्नादान्निखिलवाङ्मयम् ॥ ८ ॥

मन्त्रा(?)दिस्थानभेदेन यो नादः स्फुरति स्फुटम् ।
आरोहिक्रमतस्तज्ज्ञैः स एव ध्वनिरुच्यते ॥ ९ ॥

काबुलो बम्बलश्चैव नाराटो मिश्रकस्तथा ।
ध्वनिश्चतुर्विधः प्रोक्तो गीतविद्याविशारदैः ॥ १० ॥

G. P. T. 45. 500. 25-5-100. B

बाहुल्यान्मन्त्रसंस्पर्शैर्माधुर्यगुणसंयुतः ।
*खापुलः स परिज्ञेयो गीतध्वनि(वि)शारदैः ॥ ११ ॥

एरण्डकाण्डवद् यत्र खणिकासंविवर्जितः ।
निस्सारो बम्बलः स्थोलो(?) बाहुलो न तु मध्यभाक् ॥ १२ ॥

बाहुल्यात् तारसंस्पर्शी माधुर्यगुणवर्जितः ।
नाराटोऽयं परिज्ञेयो गीतध्वनिविशारदैः ॥ १३ ॥

एतद्ध्वनिगुणोन्मिश्रो यत्र सोऽयं तु मिश्रकः ।
नाराटखाबुलश्चैको मिश्रः खाबुलबम्बलः ॥ १४ ॥

नाराटबम्बलश्चैव ध्वनिर्यत्र स मिश्रकः ।
इति मिश्रध्वनिः प्रोक्तश्चतुर्धा गीतवेदिभिः ॥ १५ ॥

अथ शारीरलक्षणम् ।

अन्तरेण यदभ्यासं रागव्यक्तिनिबन्धनम् ।
शरीरेण सहोत्पन्नं शारीरं तत् समीरितम् ॥ १६ ॥

चतुर्विधं भवेत् तच्च कडाडं मधुरं तथा ।
पौशलं बहुभङ्गीति चैषां लक्षणमुच्यते ॥ १७ ॥

त्रिषु स्थानेषु मधुरं कडाडं परिकीर्तितम् ।
मन्द्रे मध्ये च माधुर्याच्छारीरं मधुरं मतम् ॥ १८ ॥

ज्ञेयं पौशलशारीरं तारे रागप्रकाशकम् ।
तच्छारीरगुणा मिश्रा यत्र तद् बहुभङ्गिकम् ॥ १९ ॥

पृथगष्टविधो भेदस्त(न्य?स्य) कण्ठगुणागुणैः ।
माधुर्यश्रावकत्वं च स्निग्धत्वं घनता तथा ॥ २० ॥

स्थानकत्रयशोभा च पञ्च(?) कण्ठगुणाः स्मृताः ।
खेटिः खेणिर्भग्नशब्दः कण्ठदोषा अमी त्रयः ॥ २१ ॥

माधुर्यगुणसंयुक्ते कण्ठे स्यान्मधुरो ध्वनिः ।
स्निग्धकण्ठे ध्वनिस्तारोऽप्यरूक्षः सरसो भवेत् ॥ २२ ॥

सुस्वरश्चैव सान्द्रश्च घनक(ण्ठो ? ण्ठे) भवेद् ध्वनिः ।
कण्ठे त्रिस्थानशोभे स्यात् त्रिस्थाने मधुरो ध्वनिः ॥ २३ ॥

---

*'काबुल' इति लक्ष्यनिर्देशे पठितः ।

खेटि(:?)क(ण्ठे?ण्ठं) ध्वनिः स्थानत्रयस्पर्शी गुणोज्झितः ।
स्थानस्य पूरकः कृच्छ्रात् खेणि(:?)कण्ठे ध्वनिर्भवेत् ॥ २४ ॥
वानरोष्ट्र(क?ख)रैस्तुल्यो भग्न(:?) कण्ठे भवेद् ध्वनिः ।
एते भेदाः परिज्ञेयाः शारीरेऽपि विचक्षणैः ॥ २५ ॥

ध्वनिः क्षेत्रकाकूनां न भेदः स्यात् (?) ।

ध्वनिः शारीरसञ्जातविचित्र(य?स्व)रवर्तनम् ।
छाया तदाश्रयाचार्यैर्गीतमित्यभिधीयते ॥ २६ ॥
अनिबद्धं निबद्धं च गीतं तद् द्विविधं मतम् ।
आलप्त्युर्धनिबद्धः(?) स्यात् स्वररागविभेदतः ॥ २७ ॥
सालप्तिर्द्विविधा ज्ञेया विषमा प्राञ्जलेति च ।
साक्षरानक्षरा चेति द्विविधापि चतुर्विधा ॥ २८ ॥
चतुर्विधाप्यष्टविधा सतालातालभेदतः ।
सा पुनः षोडशविधा शुद्धसालकभेदतः ॥ २९ ॥
क्रमेण लक्षणं तासां वक्ष्ये लक्ष्यानुसारतः ।
स्थाय्यादिवर्णसंयुक्ता व्यक्ता स्थानत्रयेऽपि च ॥ ३० ॥
नानालङ्कारसंमिश्रैरक्षरैर्गमकैर्युता ।
विषमस्थापनायुक्ता ग्रहे मोक्षेऽप्यलक्षिता ॥ ३१ ॥
आलप्तिः कथिता शुद्धे विषमा गायकोत्तमैः ।
चतुर्वर्णसमायुक्ता शुद्धरीतिविराजिता ॥ ३२ ॥
प्रयोगैः सुकरैर्युक्ता स्थानकत्रयरञ्जिता ।
यथासमुचितन्याससम्भावितचमत्कृतिः ॥ ३३ ॥
एतैर्गुणै(र्यथा ? र्युता) शुद्धे प्राञ्जलालप्तिरीरिता ।
स्थानवर्णक्रमावृत्ति(र्नि ? नि)यमेन विवर्जिता ॥ ३४ ॥
कोमलैर्गमकैर्युक्तालङ्कारैर्ललितैरपि ।
उचितस्थापनालप्तिः सालके विष(मे?मा) मता ॥ ३५ ॥
नानारीतियुता रागसत्त्वमात्रसमाश्रया ।
लीननादा च सोल्लासललितन्यासभूषिता ॥ ३६ ॥

एवंगुणयुतालप्तिः साल(को ? के) प्राञ्जला मता ।
तंहंशाआदनैर्वर्णैरथवा सुरजाक्षरैः ॥ ३७ ॥
गीताक्षरैश्च यद्वान्यैरक्षरैर्गणनैरपि ।
क्रियते यदि सालप्तिः साक्षरेति निगद्यते ॥ ३८ ॥
सैवाक्षरैर्विरहितानक्षरालप्तिरीरिता ।
ग्रहत्रयसमायुक्ता लयत्रयसमन्विता ॥ ३९ ॥
अनुब्जायिसमायुक्ता न्यासापन्या सभूषिता ।
विकृतांशलयोपेता विदारियतिरिच्छिता(?) ॥ ४० ॥
एवं गुणगणोपेता तालपठ्यालतिर्वरा(?) ।
अता(ला)लप्तिरुद्दिष्टा तालयोगविवर्जिता ॥ ४१ ॥
आलप्तिसंज्ञका वर्णाश्चत्वारोऽन्वर्थसंज्ञकाः ।
स्थायिसञ्चारिणौ चैव तथारोह्यवरोहणौ ॥ ४२ ॥
एकस्वरूपदेशीति स्थायिवर्णोऽभिधीयते ।
सञ्चारी स्वरसञ्चारा(व ? द)न्वर्थावितरावपि ॥ ४३ ॥
वर्णाश्रयास्तु विज्ञेया ह्यलङ्कारास्त्रयोदश ।
नामतो रूपतश्चैव संक्षेपेण ब्रवीमि तान् ॥ ४४ ॥
प्रसन्नं पूर्वमुच्चार्य शनैः सन्दीपयेत् स्वरम् ।
प्रसन्नादिर्भवेदेवं प्रसन्नान्तो विलोमतः ॥ ४५ ॥
एवं प्रसन्नमध्यश्च प्रसन्नाद्यन्त एव च ।
एते स्थायिन्यलङ्काराश्चत्वारः परिकीर्तिताः ॥ ४६ ॥
स्वश्रुतिस्थानसम्भूतां छायां श्रुत्यन्तराश्रयाम् ।
स्वरो यद् गमयेद् गीते गमकोऽसौ निरूपितः ॥ ४७ ॥
स्फुरितः कम्पितो लीनस्तिरिपुश्चाहतस्तथा ।
आन्दोलितस्त्रिभिन्नश्च गमकाः सप्त कीर्तिताः ॥ ४८ ॥
आरोहिक्रमतो यत्र स्फुरन्ति श्रुतयः क्रमात् ।
अनुद्रुताय (?) वेगेन तमाहुः स्फुरितं बुधाः ॥ ४९ ॥
स्वरकम्पो भवेद् यत्र द्रुतद्विगुणवेगतः ।
कम्पितो नाम गमकः स विज्ञेयो मनीषिभिः ॥ ५० ॥

द्रुतमानेन मसृणः स्वरो यत्र विलीयते ।
स्वरान्तरक्रमेणैव स भवेल्लीनसंज्ञकः ॥ ५१ ॥

श्रुतयो यत्र वेगेन भ्रमन्त्यावर्तरूपवत् ।
तमाहुस्तिरिपुं नाम्ना गमकं गीतवेदिनः ॥ ५२ ॥

स्वरः प्रवर्तते यत्र समाहत्याग्रहं स्वरम् ।
आरोहिक्रमतः सोऽयमाहतः परिकीर्तितः ॥ ५३ ॥

आन्दोलनं भवेद् यत्र स्वराणां लघुमानतः ।
आन्दोलिताख्यं गमकं गीतज्ञास्तं प्रचक्षते ॥ ५४ ॥

स्थानकत्रयसंस्पर्शी तत्तत्स्थानगुणैर्युतः ।
अविश्रान्तस्वरोपेतास्त्रिभिन्नगमकः स्मृतः ॥ ५५ ॥

इति सङ्गीताकरनामधेयश्रीपार्श्वदेवविरचिते सङ्गीत-
समयसारे प्रथममधिकरणम् ॥

अथ द्वितीयमधिकरणम् ।

भाण्डीकभाषयोद्दिष्टा भोजसोमेश्वरादिभिः ।
गेयलक्षणतः केचिद् वक्ष्यन्ते लक्ष्यसम्भवाः ॥ १ ॥

अथालप्तिर्द्विधा — रागालप्तिका रूपतालप्तिश्च । तत्र रागालप्तिः कथ्यते —

स्वस्थाने प्रथमे कुर्यात् स्वरापापाडिकः परम् ।
रागाकारमपस्थाने वात्सुरागोत्थ उच्यते(?) ॥ २ ॥

यस्य वंशध्वनौ स्निग्धे समीची रक्तिरूर्जिता ।
वांशिकं गीततत्त्वज्ञाः सुरागं कथयन्ति तम् ॥ ३ ॥

दिग्धं वासो रक्तपीतादिरागैर्ध्वानस्तद्वच्चित्ररागः स कश्चित् ।
गाने तज्ज्ञा येऽपरं श्लाघमानास्तेषामेष स्वानुभूतिप्रसिद्धः ॥ ४ ॥

यस्मिन् स्वरे स्थायिनि चारुरागः स्वस्थानकं तत् क्रियते सुखेन ।
अपस्थितिः सौख्यविपर्ययेणच्छायान्तरास्तत्र भवन्ति रागे ॥ ५ ॥

सप्तस्वराणां मध्येऽपि स्वरे यस्मिन् सुरागताः ।
स जीवस्वर इत्युक्ते अंशो वादी च कथ्यते(?) ॥ ६ ॥

जीवस्वरस्य सदृशः संवादी स्वर उच्यते ।
विवादी स्याद् विसदृशः सोऽनुवादी द्वयात्मकः ॥ ७ ॥

अनुवादी संवादी जीवस्वरकेकला बहिः + + ।
बहुतमबहुतरबहवः कार्या रागा वि(लो ? लौ)ल्येन ॥ ८ ॥

विजानता विवादी स स्वल्पः कार्योऽथवा पुनः ।
प्रच्छादनीयो लोप्यो वा मनाक् स्पर्शः स्वरस्य यः ॥ ९ ॥

प्रच्छादनं तदेवाहुर्लोपः सर्वस्य निष्कृतिः ।
आदौ यस्मिन् स्वरे रागश्चाल्यते स ग्रहः स्मृतः ॥ १० ॥

चालयित्वा स्वरे यस्मिन् सन्यास उपवेश्यते ।
अपन्यासः स विज्ञेयो गीतलक्षणवेदिभिः ॥ ११ ॥

अवयवा अवयवो (!) यस्मिन् स्वरे यद्युपवेश्यते ।
सन्यासः कथितो गानविद्यातत्त्वविचक्षणैः ॥ १२ ॥

स मन्द्रः सुतरां लभ्यो रागो यो मन्त्रसप्तके ।
यस्तारसप्तके रागः स्वरे तार उदाहृतः ॥ १३ ॥

उक्तः पाडव एकस्मिन् स्वरे लुप्ते विवादिनि ।
विवादिनि स्वरद्वन्द्वे लुप्ते त्वौडव इष्यते ॥ १४ ॥

वंशे न्यासस्वरं पूर्वं स्थायिनं रचयेत् ततः ।
तत्र स्थायिनि रागस्यारोपणं रागवक्रकम् ॥ १५ ॥

स्थायिन उपरि द्व्यर्धादयः कस्मिन्नपि स्वरे ।
चालयित्वा पुना रागं स्थायिन्ये(षो ? वो)पवेशयेत् ॥ १६ ॥

तदेव प्रथमस्वस्थानमालप्तेः ।

अन्यासं द्व्यर्धमारभ्य चालयित्वा तु रागकम् ।
कुर्याद् द्वितीयस्वस्थानं गानलक्षणकोविदः ॥ १७ ॥

स्वरस्य स्थायिनो यस्य द्व्यर्धस्तुर्यस्वरः स्मृतः ।
स एव देवठायेति तज्ज्ञैस्तु व्यपदिश्यते ॥ १८ ॥

द्विगुणस्यार्धो द्व्यर्ध इति व्युत्पत्तिः ।

अर्धस्थिते चालयित्वा रागं कस्मिन्नपि स्वरे ।
कुर्यात् तृतीयस्वस्थानन्यासान्तं गायकोत्तमः ॥ १९ ॥
ह्यर्धद्विगुणयोर्मध्ये स्वरयोर्ये स्थिताः स्वराः ।
अर्धस्थितास्त एवोक्ता अर्धनीया इति स्फुटाः ॥ २० ॥
द्विगुणास्थायिपर्यस्तं चालयित्वा तु रागकम् ।
न्यासस्वरोपवेशेन स्वस्थानं स्याच्च+र्धकम् ॥ २१ ॥
मन्द्रसप्तकमेवैतद्द्विगुणान्मध्यसप्तके ।
तन्मध्यसप्तकं तारे द्विगुणं स्याद् यथाक्रमम् ॥ २२ ॥
स्थानानि प्रसृतैस्त्रीणि स्वरैः कुर्यात् तुरीयकम् ।
स्थानं समग्रशब्देन सारूढि रचयेत् पुनः ॥ २३ ॥
तन्त्रैर्वलवहणीत्या(?)मारूढिरभिधीयते ।
चतुस्स्वस्थानकैः शुद्धरागस्याकार ईरितः ॥ २४ ॥
स्थाने स्थाने स्वरान् सम्यक् स्थापयंस्थापयन् क्रमात् ।
जीवस्वरप्रधानैश्च न्यासान्तैर्बहुधाकृतैः ॥ २५ ॥
प्रसन्नैः शुद्धरागस्य स्थायिनि स्थापनोच्यते ।
इत्थं रागं स्थिरीकृत्यारोपयेद् वांशिकोत्तमः ॥ २६ ॥
तद्रागनिस्तरामोत्तां (?) धारयेत् समगायनः ।
न्यायस्वरस्थापेनन उच्चारोत्तोऽभिधीयते ॥ २७ ॥

ततो गायनः पूर्वोक्तप्रकारेण रागस्याकारं स्थापनां च दध्यात् ।

रागाल्प्तिः क्षेत्रशुद्धियुता तालविवर्जिता ।
रागस्य शुद्धता क्षेत्रशुद्धिरित्यभिधीयते ॥ २८ ॥
गीतस्योत्पत्तिहेतुत्वाद् रागः क्षेत्रमिहोच्यते ।
ततो रूप+ रागेण तत्तालं नातिविस्तराम् ॥ २९ ॥
कृत्वालप्तिं सतालं च तद्रागद्विजनान्वितम् ।
रूपक गायनो गायन् तित्किना सहितं ततः ॥ ३० ॥
स्थायाया रूपके यस्मिंस्तस्या नानाप्रकारतः ।
मुहुर्मुहुर्ग्रहो यत्तु प्रतिग्रहणमुच्यते ॥ ३१ ॥
यो यथा चालिनः स्थायस्तं तथैव निवेशयेत् ।
विचित्रस्य तु गीतस्य यथौचित्योपवेशनम् ॥ ३२ ॥

स्थाया विधेया न तु सैकरूपा बहुप्रकारैर्विकृता विभाति ।

विचित्ररूपोऽपि मयूरकण्ठो जगज्जनप्रीतिकरो यथा सः ॥ ३३ ॥

स्थायानामानि कथ्यन्ते — वेण, गति, जायि, अनुजायि, ओयार, वालि, वहणि, (ढा?दाल), पसर, ललितगाढ, पोच्चगाढ, अपखल्ल, निस्सरड, लङ्घित, दुर्वास, पेट्टोपेट्टि, फेल्लेफेल्लि, मोडामोडि, गुन्थागुन्थी, खचर, गाणाचेठाय, तरहर, तच्चवण, विदारि, भ्रमरलीला, कालसचेठाय, चित्ताचेठाय, *जोडणे (करुणा) (गीताचेठाय) (जोडियचेठाय) शारीराचेठाय, सादाचेठाय, कर्तरि, (अर्धकर्तरि) (नखकर्तरि) कुरु (ले ? ल)य, मुट्टेय, मुकुलित, उच्चनीच, (ति?नि)क्खायि, (उक्खायि) निरत, नि(कि?गी)ति, व(त्त ? तु)ड, परीवाडि, एसूत, उट्टुण्डुल, *हन्दुपायि, वहिल, अधिक, अङ्खुड, नपायि, भरण, हरण, सनगिद, निक्करड, भजवणे, निजवणे, सुभाव, ढौलाव, रङ्गरक्ति, रीति, अनुकरणे, धरणि, धरिमेल्लि, विबन्धायि, (म?मि) [illegible], (गीतज्योति) होम्भे, कला, छवि, छाया *स्वस्थान, *अवस्थान, *अपस्थान, नवणि, अंश, घटना, आक्रमणे, वक्र(म?)ता, *कन्धरणे कलरव, (नेद?देव)ध्वनि, *घनत्व, आहत, अवतीर्ण, बोक्कल, सुकराभास, *दुष्कराभास, *असाधारण, उचित, बुड्डाये, बैसिके ।

एवमुक्तस्थायाशब्देन किमभिधीयते —

गत्या गमकयोगेन रागेणान्येन केन वा ।

स्वरैर्वृत्तिः स्वरवृत्तिष्ठाय इत्यभिधीयते ॥ ३४ ॥

स्थायानां करणान्याहुश्चत्वारि स्थानतानके ।

गमको मानमेतेषां लक्षणान्यभिदध्महे ॥ ३५ ॥

तत्र स्थाय्यादिवर्णानामाश्रयः स्वरमण्डलः ।

स्थानमित्युच्यते तस्मिन्नुदाहरणमुच्यते ॥ ३६ ॥

यथा वेलावल्यां ध नि स रि ग म प च्छायानाट्टायां स रि ग म प ध नि इत्यादि । तानो रागापेक्षया

स्थानमित्युच्यते तज्ज्ञैः स्वरो यो गमकाश्रयः ।

यथा वेलावल्यामाह — तत्स्थाने धैवतः कम्पितस्थाने षड्जः, छायानाट्टायां कम्पितस्थाने गान्धारनिषादौ इत्यादि । गमकाः कम्पितादयः ।

स्वादुत्वानुगुणा भवन्ति (हि) यथा शाके रसाः षट् च ते

रागव्यक्त्यनुकूलका हि गमका रागेऽपि सञ्चारिणः ।

---

*एतदङ्काङ्कितानामुपरि लक्षणं न दृश्यते ।

तन्मात्रापरिमाणमेव सुतरां मानं वदन्त्यादरात्
सङ्गीताकरकर्णधारपदवीमाढौकमानाः परम् ॥ ३७ ॥
प्रयोगैः कैश्चिदपरैः सरीसा रागचालना ॥ ३८ ॥
अन्यैस्तु सरि सङ्गीते (कण्ठल ? सा वे)णेति ।नेगद्यते ।
माधुर्यसहितो गीते श्रुतिमात्रस्तु केवलम् ॥ ३९ ॥
स्वराणां सन्निवेशो यश्चातुर्यात सा गतिर्भवेत् ।
स्वरमात्रेण सदृशस्थानान्तरनिवेशनम् ॥ ४० ॥
इति भेदः समुद्दिष्टो जायिनश्चानुजायिनः ।
स्वरमात्राधिको यस्मात् स्वरावृत्तिर्विधिक्रमात् ॥ ४१ ॥
तदो(वा ? या)रं समुद्दिष्टं प्रायश्चारोहिसंश्रयम् ।
सुशरीरात् समुद्भूता श्रु(ति ? ती)नामावलिर्यथा ॥ ४२ ॥
चरेत् समीरणोद्भूततरङ्गावलिवद् वली ।
मन्द्रादिस्थानभेदेन प्रवृत्तं श्रु(ति)कम्पनम् ॥ ४३ ॥
उरःकण्ठशिरःस्थाख्या(?) वहणिः क्रमतो भवेत् ।

वहणी द्वेधा — आवलसिवहणी शीतशीतवहणी च । पुनर्द्विधा — खुत्ता उत्फुल्ला ।

प्रविशन्त इवान्तस्ते स्वरा यस्यां विभान्ति च ॥ ४४ ॥
खुत्ता सा कथ्यते गानविद्यालक्षणवेदिभिः ।
यस्याः स्वरा विराजन्ते निर्गच्छन्त इवोपरि ॥ ४५ ॥
गानलक्षणतत्त्वज्ञैरुत्फुल्ला परिकीर्त्यते ।

एवं वलिरपि वहणीव वेदितव्या ।

वृत्तमौक्तिकवत् काचभूतले विलसद्ध्वनौ ॥ ४६ ॥
श्रुतिः प्रवर्तते क्षिप्रं यत्र दालं तदुच्यते ।
माधुर्ययुक्तो ललितः स्वरो यत्र प्रसार्यते ॥ ४७ ॥
स्वरान्तरस्य संयोगाद् पसरं तं प्रचक्षते ।
लालित्येन यदा नादस्तारस्थाने प्रवर्तते ॥ ४८ ॥
तदा ललितगाढं तं जगुर्गीतविशारदाः ।
क्रमेण गाढतां त्यक्त्वा ललितस्वरवर्तनम् ॥ ४९ ॥

पोच्चगाढगितिति प्रोक्तं गीतलक्षणकोविदैः ।
यत्र प्रवर्तते मन्द्रस्थानेऽतिमधुरः स्वरः ॥ ५० ॥
अपखल्लः स विज्ञेयो गीतभाषाविशारदैः ।
क्रमेण परमं तारं गत्वातिमसृणः स्वरः ॥ ५१ ॥
पै(च्छ ? च्छि)ल्यात् पतितो मन्त्रे भवेन्निस्सरडाभिधः ।
ईषदाहतसंयुक्तः स्वरो यत्र विलङ्घयेत् ॥ ५२ ॥
स्वरान्तरक्रमेणैव लङ्घितं तत् प्रचक्षते ।
इदमेव यदैकद्वित्रिस्वरान्तरितं भवेत् ॥ ५३ ॥
तदा गीतकलाभिज्ञैः स्वरलङ्घितमीरितम् ।
तारमन्द्रसमायोगात् प्रयोगो यत्र दुष्करः ॥ ५४ ॥
वर्तते स तु गीतज्ञैर्दुर्वासः परिकीर्तितः ।
पुनरावर्तते यत्र प्रयोगः पूर्वमागतः ॥ ५५ ॥
तदानीमेव सा तज्ज्ञैः (पठो ? पेट्ठो)पेट्ठीति गद्यते ।
गाढत्वेन स्वरः सर्वं नुदेद् यत्र स्वरान्तरम् ॥ ५६ ॥
आरोहिक्रमतः सोक्ता फे(ला ? लो)फेलीति नामतः ।
समुद्धृत्य स्वरोऽन्यत्र तेषामग्राण्यधः क्रमात् ॥ ५७ ॥
भज्यते सा परिज्ञेया मोडामोडीति संज्ञया ।
सप्त प्रयोगा एकत्र वर्तन्ते चेन्निरन्तरम् ॥ ५८ ॥
(स्व ? स्र)गिवाभिज्ञरचिता *गुम्फागुम्फीति सोदिता ।
यत्र गाढः स्वरः सम्य(गं ? ग)ुत्तारे प्रवर्तते ॥ ५९ ॥
खचरः स समुद्दिष्टो गीतभाषाविशारदैः ।
ठायं गमकसम्मिश्रं वर्तते य(ज ? न्म)नोहरम् ॥ ६० ॥
गाणाचेठायसंज्ञं तद् गीतविद्भिरुदाहृतम् ।
आहत्या (द्रथ ? द्रुत)या यत्र स्वराणां कम्पनं भवेत् ॥ ६१ ॥
ठायं तर(हरं) नाम्ना तमाहुर्गीतवेदिनः ।
गीतस्योपरि गीतज्ञैरालप्तिरतिकोमला ॥ ६२ ॥
तत्तत्प्रवणरचिता ठायं तत्तवणं विदुः ।
आलप्तिर्विलसत्तालकाला विश्लेषितस्वरा ॥ ६३ ॥

---

* 'गुन्भागुन्थी'ति लक्ष्ये दृश्यते ।

वर्तते चेन्निरालम्बः स विदारीति गद्यते।
यस्तारान्मन्द्रसंस्पर्शी विचरेत् पुनरूर्ध्वगः॥ ६४॥
नादो माधुर्यसंयुक्तः स स्याद् भ्रमरलील(का? क):।
प्रस्तुतेनैव रागेण वर्तते यत् सुखावहम्॥ ६५॥
तत्तु कालस(ले! चे)ठायं कथितं गीतकोविदैः।
ठायं यद् वेधकत्वेन क्रियते तद्विचक्षणैः॥ ६६॥
चित्ताचेठायमुदितं श्रोतुश्चित्तानुवर्तनात्।
करुणारागयोगेन चित्तहीनतयाथवा॥ ६७॥
करुणाकाकुसंयुक्ता ठा(यं स? या सा) करुणाभिधा।
ठायं यद् वर्तते गीते तदाल(पो? प्या) कृतं यदि॥ ६८॥
गीताचेठायमित्याहुस्तज्ज्ञा अन्वर्थसंज्ञकम्।
प्रयोगोऽभिगुणो यत्र पुनर्द्विगुणितो भवेत्॥ ६९॥
स तु जोडियचेठायो दुष्करः कथितो बुधैः।
लीलामात्रेण शारीरच्छाविर्यत्र प्रवर्तते॥ ७०॥
शारीराचेठाय उक्तः सोऽयं गीतविशारदैः।
भवेद् यत्र सुनादोऽन्ते तारस्थानगतध्वनैः॥ ७१॥
सादाचेठाय (इत्युक्तः) स तु गीतविचक्षणैः।
अङ्गुलीभिश्चतसृभिः प्रत्येकं हस्तयोर्द्वयोः॥ ७२॥
बहिर्यद्धन्यते तन्त्री द्रुतं सा कर्तरी मता।
कर्तरीसदृशः पाणिर्दृश्यते यत्र दक्षिणः॥ ७३॥
तथा कोणहतिर्वामपाणिना सार्धकर्तरी।
चतुर्भिर्नखैर्यत्र दक्षिणेनैव पाणिना॥ ७४॥
आहतिः क्रियते या तु सा ज्ञेया नखकर्तरी।
वाद्यते यदि वेगेन मधुरं लघुथकुली(?)॥ ७५॥
श्रुतयस्तत्र सञ्जाता ज्ञेयाः कुरुलयाख्यया।
वंशे *मुद्दयमुक्तं तद् गात्रे मुकुलितं मतम्॥ ७६॥
त(तो? यो)र्गमकबाहुल्यं कर्तुंनैव तु शक्यते।
यौ प्रोक्तौ गीतभाषायां तारमन्द्रौ मनीषिभिः॥ ७७॥

* 'मुद्देयम्' इति लक्ष्ये पाठः.

तावेव कथितौ लोकैरुच्चनीचसमाख्यया ।
स्फुरितादिस्वरो यत्र तारस्थानं तु संस्पृशेत् ॥ ७८ ॥
निक्खायिः सा भवेत् स्थानव्यक्तिश्चोक्खायिका मता ।
विषमप्राञ्जलालप्तौ श्वाससंयमन(स्व?त्व)तः ॥ ७९ ॥
ठायेतिर्गलहीनत्वं(?) निरतं परिकीर्तितम् ।
ठायं विवर्धमादाय(?)बलात् संस्थापने पुनः ॥ ८० ॥
अन्यूनाधिकता (नज्ञै?तज्ज्ञै)र्निगीतिः परिगीयते ।
प्रयोगे वर्तते यस्तु मन्दवत्या(?) स वत्तुडः ॥ ८१ ॥
ख्यातः परिवडिर्नाम्ना स एवान्तनिरन्तरः ।
*एवसं तत् समाख्यातमवसं यत् प्रवर्तते ॥ ८२ ॥
ठायमुद्दुण्डुलं ज्ञेयं गीते बैसिकिवर्जितम् ।
अतिद्रुतगतिं गीते वहिलाख्यां समादिशेत् ॥ ८३ ॥
हेलयापि भवत्येव गतिर्यातिविलग्घिता ।
श्रोतुश्चित्तमतिक्रम्य प्रवृत्तमधिकं विदुः ॥ ८४ ॥
असम्पूर्णस्वरं गानं ठायऽ§मुक्खुडमीरितम् ।
आलप्तौ रूपके वा स्यादपूर्वोद्भवणा यदि ॥ ८५ ॥
नपायिः सा परिज्ञेया गीतभाषाविशारदैः ।
यद् रूपकेऽथवालप्तौ वर्तते रागपूरणम् ॥ ८६ ॥
भरणं तत् समुद्दिष्टं हरणं तद्विपर्ययः ।
भवेत् सनागि(ता?दा)त्रं तन्मधुरं यत् प्रवर्तते ॥ ८७ ॥
विपरीतमतो ज्ञेयं बुधैर्निकरडाह्वयम् ।
रागव्यक्तिर्भजवणा सुशारीरसमुद्भवा ॥ ८८ ॥
जितश्वासतया यानं नाम्ना निजवणं विदुः ।
सुभावः कथितस्तज्ज्ञैः कोमलस्वरवर्तनम् ॥ ८९ ॥
डोलावच्चित्तसारः स्याद् रागस्यान्दोलनं भवेत् ।
रक्तिस्वरूपं रागाख्या(?) (रा)गच्छाया तदाश्रया ॥ ९० ॥
सैव देशाश्रयत्वेन रीतिर्ज्ञेया विचक्षणैः ।
रागेषु मिश्ररागस्यच्छायासङ्करता यदि ॥ ९१ ॥

---

* 'एसृत' इति लक्ष्यनिर्देशे पठितम् । § 'अङ्खुडम्' इति लक्ष्ये पठ्यते ।

भवेद् गीतकलाभिज्ञैः सैवानुकरणोच्यते ।
अनुतारात् परश्रुत्योर्हीनश्चापश्च + + +(?) ॥ ९२ ॥
घनैः सुगाढता तज्ज्ञैर्धरणिः समुदाहृतः ।
धरिमेलीति विज्ञेयौ ग्रहमोक्षौ ध्वनेरिह ॥ ९३ ॥
ध्वनिवैचित्र्यमुद्दिष्टं विव(न्ध इ? न्धायी)ति नामतः ।
ध्वनेरत्यन्तमाधुर्यं मिष्टायीति निगद्यते ॥ ९४ ॥
स्फुटनादोज्ज्वलत्वं तु गीतज्योतिरुदाहृतम् ।
हकारानुकृतिः स्फारो होम्फा वायुध्वनिः स्मृता ॥ ९५ ॥
कला सूक्ष्मीकृतः शब्दश्छविः कोमलरम्यता ।
काकुश्च भावना भाषा छाया रक्तिः समर्थवान् ॥ ९६ ॥
रागकाकुः क्षेत्रकाकुर्यन्त्रकाकुः स्वरोद्भवः ।
काकुश्च देशकाकुश्च काकुः स्यादन्यरागजः ॥ ९७ ॥
गीतविद्यावि(शेष)ज्ञैः षोढा काकुरुदाहृतः ।
रागस्य या निजच्छाया रागकाकुरितीरिता ॥ ९८ ॥
सा मुख्या प्रोच्यते भाषा गीतलक्षणवेदिभिः ।
स्वरस्य कस्याचिच्छायाविशेषः कश्चिदीक्ष्यते ॥ ९९ ॥
स्वरकाकुरिति प्रोक्तो गानलक्षणकोविदैः ।
देशाख्या देशकाकुश्च रागच्छाया निगद्यते ॥ १०० ॥
रागे रागान्तरच्छाया काकुः स्यादन्यरागजः ।

सैव उपरागभाषा ख्यायते । इयमेव लोके ठायेति प्रसिद्धा ।

कस्यचिद् गायनस्यैषा रागे कस्मिश्चिदीक्ष्यते ॥ १०१ ॥
रक्तिस्वभावतस्तज्ज्ञैः क्षेत्रकाकुर्महीतले ।
कन्नरीवंशवीणासु रागच्छायेव दृश्यते ॥ १०२ ॥
कथ्यते यन्त्रकाकुः सा गानलक्षणकोविदैः ।
स्निग्धकोमलशब्दस्य विना यत्ने(न) कम्पनम् ॥ १०३ ॥
लघुत्वेन सहोक्तं तन्नमनं गानकोविदैः ।

सैव नवणिः ।

रागस्यावयवो रागे योऽन्यस्यांशः स उच्यते ॥ १०४ ॥

कारणांशश्च कार्यांशः सजातीयांश इत्यपि ।
ततः सदृशरागोंऽशो+ विसदृशरागजः ॥ १०५ ॥

अंशो मध्यस्थरागस्य स्यादंशांशश्च सप्तधा ।
अंशो जनकरागस्य कारणांश इतीरितः ॥ १०६ ॥

श्रीरागजनिते गौडे श्रीरागस्यांशको यथा ।
अंशोऽन्यरागस्य पुनः कार्यांश इति कथ्यते ॥ १०७ ॥

यथा भैरवजाताया भैरव्या अंशकः पुनः ।
भैरवे यदि वर्तेत कार्यांश इति कथ्यते ॥ १०८ ॥

अंशेऽवान्तरभेदस्य सजातीयांश इष्यते ।
यथा कर्णाटगौडांशो गौडे मालवनामनि ॥ १०९ ॥

सदृशांशो यथा शुद्धवराख्यामंशकः पुनः ।
दृश्यते शुद्धनाट्टायां संवादी च स कथ्यते ॥ ११० ॥

यथा विसदृशांशश्च वेलावल्यां च गूर्जरी ।
विकृतांशो विवादी च दूरान्तरित एव सः ॥ १११ ॥

रागो नो यो विसदृशः सदृशो न च तस्य यः ।
अंशो मध्यस्थरागांशो देशाख्यांशो यथा भवेत् ॥ ११२ ॥

वेलावल्यां गानविद्भिरनुवादी स चोच्यते ।
अंशान्तरं चांशमध्ये कथ्यतेंऽशांश एव सः ॥ ११३ ॥

रागोपरागानल्पांश इति न्यासः क्वचित् पुनः ।
रागांशयोः समानत्वं दृश्यते गीतवेदिभिः ॥ ११४ ॥

रूपके क्वचिदंशोऽपि स्फुटं रागायते पुनः ।
क्वचिच्चांशायते रागो न क्वचिन्नियमस्तयोः ॥ ११५ ॥

शिल्पिभिर्घटिता यद्वत् ते स्थाया घटना मता ।
श्रूयमाणमभिक्रम्य प्रतिग्राह्यो ध्वनिर्यतः ॥ ११६ ॥

तदाक्रमणमित्युक्तं गीतलक्षणकोविदैः ।
यत्र शब्दस्य वलनं कुटिलं विद्युतो यथा ॥ ११७ ॥

वक्रता सैव गीतज्ञैर्वक्रायिरिति कथ्यते ।
स यत्र मधुरः शब्दो भूयात कलरवः स्मृतः ॥ ११८ ॥
वेदध्वनिरिवाभाति यत्र देवध्वानिः स्मृतः ।
आहतस्त्रिविधः प्रोक्तस्तिर्यगूर्ध्वमधस्तथा ॥ ११९ ॥
(यो ? य) कण्ठनादवत् तारान्मन्द्रं यातोऽवतीर्णकः ।
स्थाया स्वल्पपरीमाणा बोकलः स हि कथ्यते ॥ १२० ॥
दुष्करोऽपि हि यः श्रोतुर्भासते सुकरो यथा ।
उच्यतेऽपस्वरो (हा ? भा)सो गीतविद्याविशारदैः ॥ १२१ ॥
यस्मादनन्तरं खाच(?) शोभते सोचिता स्मृता ।
बुद्धायिः शिथिला गाढा वृद्धालसिश्च कथ्यते ॥ १२२ ॥
अकम्पा चार्धकम्पा च क(म्बा ? म्पा)ढ्या बैसिकी त्रिधा ।
रागस्याधः स्वरावृत्तेर्यथौचित्योपवेशनम् ॥ १२३ ॥

इति सङ्गीताकरनामधेयश्रीपार्श्वदेवविरचिते सङ्गीत-
समयसारे द्वितीयमधिकरणम् ॥

अथ तृतीयमधिकरणम् ।

अथ प्रबन्धसमुचितबहुविधदेशीरागान् षाडवौडवसम्पूर्णभेदेन सामनाभ कथयामि । तत्र कानिचन रागाङ्गानि कथ्यन्ते —

रागच्छायानुकारित्वाद् रागाङ्गानि विदुर्बुधाः ।
भाषाङ्गानि तथैव स्युर्भाषाच्छायानुकार(क ? त): ॥ १ ॥
अङ्गच्छायानुकारित्वादुपाङ्गं कथ्यते बुधैः ।
तानानां करणं तन्त्र्याः क्रियाभेदेन कथ्यते ॥ २ ॥
क्रियाया (व ? य)द् भवेदङ्गं क्रियाङ्गं तदुदाहृतम् ।
षड्जर्षभौ च गान्धारो मध्यमः पञ्चमस्तथा ॥ ३ ॥
धैवतश्च निषादश्च स्वराः सप्तैव कीर्तिताः ।

अथ स्वरव्यवस्था —

द्वौ द्वौ निषादगान्धारौ त्रिस्त्रिश्चर्षभधैवतौ ॥ ४ ॥
चतुश्चतुश्च विज्ञेयाः षड्जमध्यमपञ्चमाः ।

अथ रागाङ्गरागाः—मध्यमादि, शङ्कराभरण, तोड्डि, देशी, हिन्दोला, शुद्धवङ्गाल, आम्रपञ्च, घण्टारव, गूर्जरिसोमराग, मालवश्री, दीपराग, बराटि, इति द्वादश रागाङ्गसम्पूर्णरागाः। गोडो देशी च पहीनौ, धन्नासि देशाख्या च रिहीने इति चत्वारो रागाङ्गषाडवरागाः। भैरवश्रीरागौ रिपहीनौ, मार्गहिन्दो(ल)गुण्डकी धरिहीने इति चत्वारो रागाङ्गौडवरागा इति विंशतो रागाङ्गरागाः। कैशिकि, वेलाउलि, शुद्धबराटि, आदिकामोद, नाट्टा, आभीरि, बृहद्दाक्षिणात्या, लघ्वी दाक्षिणात्या, पौराली, भिन्नपौराली, मधुकरि, रङ्गन्ति, गोरञ्जि, प्रथममञ्जरि, मालवाडिनि, नट्टनारायण, उत्पली, वेगरञ्जि, तरङ्गिणि, ध्वनिः, नादान्तरि इति भाषाङ्गसम्पूर्णरागा एकविंशतिः। कर्णाटवङ्गाल, सावेरिश्च पहीनौ। अन्धालि, श्रीकण्ठि, उत्पलि इति त्रयो गहीनाः। गौडी, शुद्धासौराष्ट्रि, भम्मानि इति चत्वारो गरिहीनाः। सैन्धीरागो गहीनः। छायारागः सहीनः। इत्येकादश रागा भाषाङ्गषाडबाः। नागध्वनिः पधहीनः। आहीरिर्गरिहीनः। काम्बोजिर्धरिहीन.। पुलिन्दि गपहीनः। कच्छेलि गधहीनः। चोहारिगौली गनिहीनौ। गान्धारगतिः सपहीनः। ललिता, त्रावणि, सैन्धवः, डोम्बकि, सैन्धवि, कालेन्दि, खसिका इति सप्त रागाः परिहीनाः। इति पञ्चदश रागा भाषाङ्गऔडबाः इति सप्तचत्वारिंशद् रागा भाषाङ्गाः। अथ उपाङ्गरागाः—सैन्धवबराटि, अन्तलबराटि, अवस्थानबराटि, द्राविडबराटि, प्रतापबराटि, स्वरबराटि, तुरुष्कतोड्डि, सौराष्ट्रगूर्जरो, दक्षिणगूर्जरी, द्राविडगूर्जरी, कर्णाटगौड, द्राविडगौड, छायागौड, लाउलीगौड, भैरवि, संहलकामोद, देवाल, महुरे, छायानाट्टा इत्यष्टादश (?)उपाङ्गसम्पूर्णरागाः। महाराष्ट्रगूर्जरि, खंभाति, गुरुञ्जि, रामक्रि इति चत्वारो रागाः रिहीनाः। हुञ्जि + + हीना। भल्लारि गहीना। भल्लाति रेहीनः। एते सप्त रागा उपाङ्गषाडबाः। छायातोड्डि, देशालगौड, तुरुष्कगौड, प्रतापवेलाउलि, पूर्णाट, एते पञ्च रागाः परिहीनाः। मल्हारः गनिहीनः। षडेते रागा उपाङ्गऔडवा इत्युपाङ्गरागा एकत्रिंशत् ॥

अथ क्रियाङ्गरागाः—देवकि, त्रिनेत्रकि, एतौ सम्पूर्णरागौ, स्वभावक्री धैवतहीनषाडबः एते त्रयः क्रियाङ्गरागाः इत्येकोत्तरशतसंख्यापरिगणितरागमध्ये लोकव्यवहारसिद्धानां केषाञ्चिद् रागाणां लक्षणं वक्ष्ये —

मध्यमादि च तोड्डी च वसन्तो भैरवस्तथा ॥ ५ ॥

श्रीरागः शुद्धवङ्गालो मालवश्रीस्तथैव च।
वराटी गौडधन्नासी गूण्डकी गूर्जरी तथा ॥ ६ ॥
देशाख्या देशिरित्येते रागाङ्गानि विदुर्बुधाः।
वेलाउलिस्तथान्धाली सायाली फलमञ्जरी ॥ ७ ॥
(ब ! ल)लिता कैशिकी नाट्टा तथा शुद्धा वराटिका।
श्रीकण्ठी चेति भाषाङ्गा नव रागाः प्रकीर्तिताः ॥ ८ ॥
षड् वराट्यश्च रामक्रीखम्भाती मल्हरस्तथा।
चतुश्चतुश्च विज्ञेया गौडगूर्जर्य एव च ॥ ९ ॥
छायानाट्टा च मल्हारो भल्लातश्चैव भैरवी।
अमी रागा निगद्यन्त उपाङ्गानीति कोविदैः ॥ १० ॥
देवकी सा च विज्ञेया क्रियाङ्गमिति सम्मता।
मध्यमग्रामसम्भूता मध्यमांशग्रहान्विता ॥ ११ ॥
मध्यमादिरिति ख्याता शृङ्गारे विनियुज्यते।
एतामेव प्रयुञ्जादौ वैणिका वांशिकास्तथा ॥ १२ ॥
पश्चादभिमतं रागं प्रकुर्वन्ति विचक्षणाः।

॥ मध्यमादिः ॥

अङ्गं षाडवरागस्य सम्पूर्णं च समस्वरम् ॥ १३ ॥
षड्जतारा गमन्द्रा च न्यासांशग्रहमध्यमा।
तोड्डी नाम प्रसिद्धोऽयं रागो हर्षे नियुज्यते ॥ १४ ॥

॥ तोड्डी ॥

मार्गहिन्दोलरागाङ्गं हिन्दोलो वेडिसंज्ञितः।
अंशन्यासे ग्रहे षड्जस्तस्य तारे तु मध्यमः ॥ १५ ॥
षड्जस्वरो भवेन्मन्द्रे तोऽन्तो रिधवर्जितः।
सपयोः कम्पितश्चैव शृङ्गारे विनियुज्यते ॥ १६ ॥
अयमेव वसन्ताख्यः प्रोक्तो रागविचक्षणैः।

॥ वसन्तः ॥

भिन्नषड्जसमुद्भूतो मन्यासो धांशभूषितः ॥ १७ ॥
समस्वरो रिपत्यक्तः प्रार्थने भैरवः स्मृतः।

॥ भैरवः ॥

श्रीरागष्टकरागाङ्गं मतारो मन्द्रगस्तथा ॥ १८ ॥
रिपञ्चमविहीनोऽयं समशेषस्वराश्रयः ।
षड्जन्यासग्रहांशश्च रसे वीरे प्रयुज्यते ॥ १९ ॥

॥ श्रीरागः ॥

शुद्धषाडवरागाङ्गं शुद्धवङ्गालसंज्ञकः ।
(ना ? न्या)सांशो मध्यमेनास्य प्रहर्षे विनियोजनम् ॥ २० ॥

॥ शुद्धवङ्गालः ॥

मालवादे(:) भवेदङ्गं कैशिकस्य समस्वरा ।
सम्पूर्णा तारमन्त्रस्थषड्जस्वरविराजिता ॥ २१ ॥
षड्जांशन्याससम्पन्ना मालवश्रीरियं मता ।
मूर्च्छना शुद्धमध्या चेत् सैव हर्षपुरी मता ॥ २२ ॥
शृङ्गारे विनियोगः स्यादनयोस्तु द्वयोरपि ।

॥ मालवश्रीः ॥

विभाषा रागराजस्य पञ्चमस्य वराटिका ॥ २३ ॥
धांशा षड्जग्रहन्यासा धतारा मन्द्रमध्यमा ।
समश्लेषस्वरा पूर्णा शृङ्गारे याष्टिकोदिता ॥ २४ ॥

॥ वराटी ॥

गौडः स्याट्टकरागाङ्गं निन्यासांशग्रहान्वितः ।
वर्जितः पञ्चमेनैव रसे वीरे नियुज्यते ॥ २५ ॥
रागे रङ्गनिषादिन्या वदन्ति न तु मे मतम् ।

॥ गौडः ॥

अङ्गं धन्नासिका प्रोक्ता शुद्धकैशिकमध्यमे ॥ २६ ॥
षड्जांशग्रहमन्यासा षाडवा ऋषभोज्झिता ।
गान्धारपञ्चमस्वल्पा रसे वीरे नियुज्यते ॥ २७ ॥

॥ धन्नासी ॥

देशिहिन्दोलरागाङ्गं षड्जांशन्यासंयुता ।
रिधत्यक्ता गतारा च शेषैरान्दोलिता स्वरैः ॥ २८ ॥

पमन्द्रा हास्यशृङ्गारे गेया गुण्डकृतिर्भवेत् ।

॥ गुण्डकृतिः ॥

रिग्रहांशा च मन्यासा जाता पञ्चमषाडवात् ॥ २९ ॥
ममन्द्रा च नितारा च रिधाभ्यामपि भूयसी ।
गूर्जरी ताडिता पूर्णा शृङ्गारे विनियुज्यते ॥ ३० ॥

॥ गूर्जरी ॥

गान्धारपञ्चमाज्जाता ऋषभेण विवर्जिता ।
ग्रहांशन्याससम्बन्धगान्धारा च समस्वरा ॥ ३१ ॥
निषादमन्द्रा गान्धारस्फुरितेन विराजिता ।
षाडवा यदि रागाङ्गं वंशे पूर्णे च दृश्यते ॥ ३२ ॥
देशाख्यः स्यादङ्गरेव(?) गुप्तस्य गमन्द्रा पञ्चमोज्झिता ।
ऋषभांशग्रहन्यासा तथा समनिभूयसी ॥ ३३ ॥
देशी नाम प्रयोक्तव्या रागोऽयं करुणे रसे ।

॥ देशी ॥

इति रागाङ्गानि ॥

ककुभप्रभवा भाषा या प्रोक्ता भोगवर्धनी ॥ ३४ ॥
वेलाउली तदङ्गं स्यात् परिपूर्णसमस्वरा ।
धैवतांशग्रहन्यासा धतारा मन्द्रमध्यमा ॥ ३५ ॥
षड्जेन कम्पिता सेयं विप्रलम्भे नियुज्यते ।

॥ वेलाउली ॥

विभाषान्धालिका प्रोक्ता जाता मालवपञ्चमात् ॥ ३६ ॥
बृहती दाक्षिणात्योत्था गहीना मध्यमांशका ।
षाडवा षड्जमन्द्रा च निधाल्पा मन्द्रमध्यभाक् ॥ ३७ ॥
पञ्चमन्याससंयुक्ता रसे वीरे नियुज्यते ।

॥ अन्धाली ॥

ककुभोत्था रगन्त्यङ्गं धान्ता मध्यग्रहांशका ॥ ३८ ॥
गतारा स्वल्पषड्जा च पञ्चमेन विवर्जिता ।
पमन्द्रा सायरी ज्ञेया कर्तव्या करुणे रसे ॥ ३९ ॥

॥ सायरी ॥

गमन्द्रा धरितारा च ग्रहांशस्य सपञ्चमा ।
गमाढ्या चाल्पशेषा च प्रोक्ता प्रथममञ्जरी ॥ ४० ॥
पञ्चमादिर्यतस्तस्मादुत्सवे विनियुज्यते

॥ फलमञ्जरी ॥

(ल?)गलिता टक्करागात् तु तदङ्गं ललिता मता ॥ ४१ ॥
षड्जांशन्याससंयुक्ता ज्ञेया वीरे रिपोज्झिता ।

॥ ललिता ॥

मग्रहन्याससंयुक्ता सांशा तारेण वर्जिता ॥ ४२ ॥
समस्वरा रिपत्यक्ता समन्द्रा खसिका भवेत् ।
गान्धारादिर्यतस्तस्मात् सङ्कीर्णा करुणे भवेत् ॥ ४३ ॥

॥ कैशिकी ॥

षड्जांशा च ग्रहन्यासा सम्पूर्णा च समस्वरा ।
तथातारा च मन्द्रा च यावद् गान्धारपञ्चमौ ॥ ४४ ॥
भाषायः (?) पिञ्जरी तस्या अङ्गं नाट्टाभिधीयते ।

॥ नाट्टा ॥

सौवीरकस्य सौवीरमुख्यभाषा च या स्मृता ॥ ४५ ॥
तदङ्गं मोदकी नाम्ना सैव शुद्धा वराटिका ।
अस्या न्यासांशयोः षड्जप्रचुरा धनिपास्तथा ॥ ४६ ॥
सम्पूर्णोऽयं रसे शान्ते प्रयोगोऽस्याः प्रदर्श्यते ।

॥ शुद्धवराटी ॥

श्रीकण्ठी भिन्नषड्जोत्था गहीना षाडवा भवेत् ॥ ४७ ॥
(यां? धां)शन्यासग्रहोपेता तथा धैवतभूयसी ।
गुर्वाज्ञाकरणे यस्या विनियोगः प्रकीर्तितः ॥ ४८ ॥

॥ श्रीकण्ठी ॥

भाषाङ्गानि ।

भाषा स्यात् सैन्धवी नाम जाता मालवकैशिकात् ।
तदङ्गं गायकैर्ज्ञेया सैन्धवीयं वराटिका ॥ ४९ ॥

षड्जांशन्याससंयुक्ता ममन्द्रा सवकम्पिता ।
गान्धारबहुला तज्ज्ञैः शृङ्गारे विनियुज्यते ॥ ५० ॥

॥ सैन्धववराटी ॥

निषादबहुला पूर्णा षड्जमन्द्रा च ताडिता ।
पूर्वोक्तविनियोगा च स्यात् कुन्तलवराटिका ॥ ५१ ॥

॥ कुन्तलवराटी ॥

मनिधेषु भवेन्मन्द्रा षड्जांशन्यासराजिता ।
परिपूर्णस्वरैः सर्वैरवस्थानवराटिका ॥ ५२ ॥

॥ अवस्थानवराटी ॥

कम्पिता पञ्चमे षड्जे धमन्द्रा भूरिपञ्चमा ।
षड्जांशन्याससम्पन्ना स्यात् प्रतापवराटिका ॥ ५३ ॥

॥ प्रतापवराटी ॥

मन्द्रधैवतसंयुक्ता पञ्चमाहतकम्पिता ।
षड्जांशन्याससम्पन्ना हतस्वरवराटिका ॥ ५४ ॥

॥ हतस्वरवराटी ॥

ऋषभे स्फुरिता भूरे निमन्द्रेण विराजिता ।
षड्जांशन्याससंयुक्ता द्राविडीयं वराटिका ॥ ५५ ॥

॥ द्राविडवराटी ॥

टक्करागोद्भवा भाषा योक्ता कोलाहलाख्यया ।
तदुपाङ्गं रामकृतिः षड्जन्यासोपशोभिता ॥ ५६ ॥
मध्यमांशा पहीना च रसे वीरे नियुज्यते ।

॥ रामक्रिः ॥

षाडवा ककुभोद्भूता धांशा सपविवर्जिता ॥ ५७ ॥
मध्यमेन निषादेन निहितान्दोलनक्रमा ।
शृङ्गारे विप्रलम्भाख्ये गेया कम्भातिका मता ॥ ५८ ॥

॥ कम्भाती ॥

स्वस्थाने ताडितः पूर्णः षड्जांशन्याससंयुतः ।
प्रोक्तः कर्णाटगौडोऽयं प्रतापपृथिवीभुजा ॥

॥ कर्णाटगौडः ॥

षड्जेनान्दोलितः सांशः पञ्चमर्षभवर्जितः ।
देशवालाख्यगौडोऽयमौडवः परिकीर्तितः ॥ ६० ॥

॥ देशालगौडः ॥

स्फुरितः पञ्चमे षड्जे गान्धारे तेरिपुस्तथा ।
निन्यासांशसमायुक्तो द्राविडो गौड उच्यते ॥ ६१ ॥

॥ द्राविडगौडः ॥

रिपहीनो निषादांशो गान्धारबहुलस्तथा ।
मन्द्रेण ताडितः प्रोक्तस्तौरुष्को गौड ईरितः ॥ ६२ ॥

॥ तुरुष्कगौडः ॥

गूर्जरी स्यान्महाराष्ट्री रिन्यासांशा च ताडिता ।
निमन्द्रा च पहीनेयमुत्सवे विनियुज्यते ॥ ६३ ॥

॥ महाराष्ट्रगूर्जरी ॥

ऋषभे कम्पिता + + सौराष्ट्री गूर्जरी भवेत् ।

॥ सौराष्ट्रगूर्जरी ॥

मध्यमे कम्पिता पूर्णा स्वरेष्वन्येषु ताडिता ॥ ६४ ॥
सुरीति गूर्जरी गाने रम्या दक्षिणदेशजा ।

॥ दाक्षिणगूर्जरी ॥

ऋषभान्मन्त्रताराभ्यां स्फुरिता द्राविडी भवेत् ॥ ६५ ॥
गूर्जरी परिपूर्णेयं प्रहर्षे विनियुज्यते ।

॥ द्राविडगूर्जरी ॥

उपाङ्गत्वेन नाट्टायां छायानाट्टा समीरिता ॥ ६६ ॥
षड्जांशन्याससम्पन्ना गनिभ्यां कम्पिता तथा ।
पमन्द्रा परिपूर्णा च रसे वीरे नियुज्यते ॥ ६७ ॥

॥ छायानाट्टा ॥

अन्धालिकाङ्गमल्हारी मध्यमांशग्रहान्विता ।
रिमन्द्रा च गशून्या च शृङ्गारे ताडितस्वरा ॥ ६८ ॥

॥ मल्हारी ॥

लक्षणं विनियोगश्च भवेन्मल्हारिकासमम् ।
मल्हारस्य गनित्यागः पञ्चमस्फुरणं भवेत् ॥ ६९ ॥

॥ मल्हारः ॥

भिन्नषड्जसमुद्भूता धांशन्यासग्रहान्विता ।
समशेषस्वरा पूर्णा गान्विता तारमन्द्रयोः ॥ ७० ॥
देवादिप्रार्थनायां तु भैरवी विनियुज्यते ।

॥ भैरवी ॥

हिन्दोलकस्यच्छेवाटी भाषा भल्लातिका भवेत् ॥ ७१ ॥
षड्जांशग्रहणन्यासारिहीना षाडवा भवेत् ।
धमन्द्रोपाङ्गरूपा च शृङ्गारे विनियुज्यते ॥ ७२ ॥

॥ भल्लाती ॥

सामान्यं च विशेषं च द्विविधं रागलक्षणम् ।
चतुर्विधं च सामान्यं विशेषं चांशकादिकम् ॥ ७३ ॥
यस्मिन् वसति रागश्च यस्माच्चैव प्रवर्तते ।
नेता च तारमन्द्राणां योऽर्थे चेज्ज्ञोपलभ्यते(?) ॥ ७४ ॥
ग्रहापन्यासविन्याससंन्यासन्यासगोचरः ।
परिचार्यमितो यश्च सोंऽशः स्याद् दशलक्षणः ॥ ७५ ॥

॥ अंशः ॥

इति सङ्गीताकरनामधेयश्रीपार्श्वदेवविरचिते सङ्गीत-
समयसारे तृतीयमधिकरणम् ॥

अथ चतुर्थमधिकरणम् ।

अथ वक्ष्ये निविध्यं च विभागेन समासतः ।
प्रबन्धो रूपकं वस्तु निबद्धस्याभिधात्रयम् ॥ १ ॥
चतुर्भिर्धातुभिः षड्भिश्चाङ्गैर्यैः स्यात् प्रबध्यते ।
तस्मात् प्रबन्धः कथितो गीतलक्षणकोविदैः ॥ २ ॥

रामान्यारोफणा नेतु(?) स्यादस्मिन् रूपकाभिधा ।
उद्ग्राहाद्यास्तु चत्वारः स्वरादीनि च षट् तथा ॥ ३ ॥
वसन्ति यत्र स ज्ञेयः प्रबन्धो वस्तुसंज्ञया ।
आदावुद्ग्राते गीतं येनोद्ग्राहः स कीर्तितः ॥ ४ ॥
प्रोक्तो मेलापकस्तज्ज्ञैरुद्ग्राहध्रुवमेलनात् ।
प्रबन्धेषु ध्रुवत्वेन ध्रुव इत्यभिधीयते ॥ ५ ॥
स्वयं यत्र प्रबन्धे स्यादनेनैव प्रपूरणम् ।
आभोगः कथितस्तेन परमर्दिमहीभुजा ॥ ६ ॥
वर्ज्यौ मेलापकाभोगौ प्रबन्धेषु द्विधातुषु ।
त्रिधातुकप्रबन्धेषु तयोरेकं विवर्जयेत् ॥ ७ ॥
एलायां डेङ्ककायां च स्यादन्ते नियमादिमौ ।
अन्येषु (तु) प्रबन्धेषु स्यातां गीतानुसारतः ॥ ८ ॥
अङ्गत्वमेषां केनापि यदुक्तं तन्न साम्प्रतम् ।
देहस्येवं निबन्धस्य धारणाद् धातवो मताः ॥ ९ ॥
द्विधातुर्वा त्रिधातुर्वा चतुर्धातुरथापि वा ।
प्रबन्धस्त्रिविधो ज्ञेयो गीतविद्याविशारदैः ॥ १० ॥
अङ्गानि तु प्रबन्धानां वदामः साम्प्रतं क्रमात् ।
नेत्रे करौ च पादौ च षडङ्गानि यथा तनोः ॥ ११ ॥
पादतेनौ च बिरुदपाटौ तालस्वरौ तथा ।
मङ्गलद्योतकस्तेनः पदमर्थप्रकाशकम् ॥ १२ ॥
तस्मादङ्गत्वमनयोर्नेत्रवत् प्रतिपादितम् ।
कराभ्यामुदयो यस्मात् पादस्य बिरुदस्य च ॥ १३ ॥
तेन कार्ये कारणवदुपचारो निरूपितः ।
स्याद् गतिः स्वरतालाभ्यां पादाभ्यामिव देहिनः ॥ १४ ॥
प्रबन्धस्य यदस्मा(दु ? बिरु)क्तं पादत्वमेकयोः ।
एतेषां लक्षणमिदमिदानीमभिधीयते ॥ १५ ॥
स्वयं यो राजते नादः स्वरः स परिकीर्तितः ।
पदं स्वराधिकरणमर्थस्य प्रतिपादकम् ॥ १६ ॥

संस्कृतं प्राकृतं चैव अपभ्रंशमिति त्रिधा ।
विरुशब्दो विरुद्धार्थो महाराष्ट्रप्रसिद्धितः ॥ १७ ॥
परेभ्यस्तत्प्रदानेन विरुदं सूरिभिः स्मृतम् ।
तद् वीररससंयुक्तं द्विषामुद्वेगदायकम् ॥ १८ ॥
रसान्तरेण यद् युक्तं तत् पदं विरुदं मतम् ।
सन्दोहो वाद्यवर्णानां पाटस्तालानुगो भवेत् ॥ १९ ॥
तेन्नतेन्नेति ये वर्णा गीतेऽसौ तेन्नको मतः ।
तालः कालक्रियामानं लयः सङ्गीतसङ्गतः ॥ २० ॥

च(म्बू ? म्पू)श्च क(म्पि ? वि)ता सेना नीतिश्चेति (य ? त)था श्रुतिः ।
(त?)द्व्यङ्गादीनां प्रबन्धानां जातयः पञ्च कीर्तिताः ॥ २१ ॥

गद्यपद्यमयी च(म्बूः ? म्पूः), शक्तिव्युत्पत्तिरभ्यासः कविता, हस्त्यश्वरथपदातयः सेना, भेदः परीक्षा विश्वासो वचनं मित्रकार्याणि नीतिः, शीक्षाज्योतिषनिरुक्तनिघण्टुच्छन्दोव्याकरणानि श्रुतिः ।

तारावल्यादयः संज्ञा जातीनां कैश्चिदीरिताः ।
अङ्गसं(ङ्ख्या ? ल्या) वियोगात्तु ने(वो ? वे)ताः सम्मता मम ॥ २२ ॥

अनिर्युक्ताश्च निर्युक्तास्तथा चैवोभया(त्मि ? त्म)काः ।
प्रबन्धास्त्रिविधास्ते च प्रोक्ता गीतविशारदैः ॥ २३ ॥
अङ्गमात्रेण विहिता अनिर्युक्ता इतीरिताः ।
छन्दस्तालादिनियमान्निर्युक्तास्ते निरूपिताः ॥ २४ ॥
क्वचिदङ्गं क्वचिच्छन्दो गीते यस्मिन् विराजते ।
उभयात्मकमित्याहुर्गीतं गीतविशारदाः ॥ २५ ॥
तालार्णवो विचित्रं च मण्डनं राहडी तथा ।
लोम्लीठोम्लरिदन्ती स्याद(न्ति ? नि)र्युक्ताः पतायुताः ॥ २६ ॥
धवलश्चचरी चैव वदनज्झम्पटस्तथा ? ।
चरिजा त्रिपदी चैव सिंहपादस्तथैव च ॥ २७ ॥
पदं तालसमायुक्ता(?) मङ्गलं स्तवमञ्जरी ।
अमी सर्वप्रबन्धाश्च निर्युक्ताः परिकीर्तिताः ॥ २८ ॥
तालतेन्नतयो रोपि(?) निर्युक्तः परिकीर्तितः ।
सबितासहितो वर्णो नन्दनस्ते वितायुनः ॥ २९ ॥

पतेतासहितः सोऽयमहिनन्दन उच्यते ।
पताविर्हेसलीला च विपातै रणरङ्गकः ॥ ३० ॥

पास्वतैर्नर्तनं चैव अनिर्युक्ता भवन्त्यमी ।
तापसैर्मङ्गलाचारो गद्यं चैवोभयात्मिकौ ॥ ३१ ॥

तापा(:?)स्वकैः शुकचञ्चुः शुकः सारी च तैः स्मृतः ।
आमोदः स्यात् सपानैतैस्तेपितापैः सुदर्शनः ॥ ३२ ॥

पातापिपैः कन्दुकश्च तैः स्मृतो हर्षवर्धनः ।
पवातेतैः प्रमोदश्च पाविनेतैर्मनोरमः ॥ ३३ ॥

अङ्कध्वनिस्तापतेतैरनिर्युक्ता अमी स्मृताः ।
तापिस्वतैस्त्रिपथकस्तापाविश्चैश्च वर्धटी ॥ ३४ ॥

निर्युक्तौ कथितावेतौ गीतविद्याविशारदैः ।
सपावितेतायुक्तोऽसौ सिंहलीलेति नामतः ॥ ३५ ॥

अनिर्युक्तो गवेदेष गीतलक्षणकोविदैः ।
पदतालस्वरैस्तेश्चाविरुद्धाभ्यां च गीयते ॥ ३६ ॥

निर्युक्तः शरभलीलः प्रबन्धः कथ्यते बुधैः ।
प्रतापवर्धनस्तस्मादुमातिलकसंज्ञकः ॥ ३७ ॥

पञ्चाननः पञ्चभङ्गी श्रीरङ्गः श्रीविलासकः ।
अनिर्युक्ता अमी सर्वे षडङ्गानीति कीर्तिताः ॥ ३८ ॥

इति द्विधातुकाः सर्वे कथितास्तदनन्तरम् ।
त्रिधातुकानहं वक्ष्ये व्यङ्गादिक्रमभेदतः ॥ ३९ ॥

लम्भको रससन्दोहो हंसपादस्तथैव च ।
हरिर्विजयसंज्ञः स्यादेकताली तथैव च ॥ ४० ॥

ध्वनिकुट्टनिनामापि पदतालसमायुतः ।
पितायुतोऽङ्कचारी स्यादनिर्युक्ताः समीरिताः ॥ ४१ ॥
विपदी च पदायुक्ता कन्दश्चैव विपायुतः ।
निर्युक्तौ कथितावेतौ गीतज्ञानविचक्षणैः ॥ ४२ ॥

जयमालाचक्रवालौ तथा रागकदम्बकः ।
कालार्णवो झोम्बटश्च रासकश्चोभयात्मिकाः ॥ ४३ ॥

गीयन्ते पदतालाभ्याममी गीतविशारदैः ।
स्वरार्थस्ता(पि)सैर्ज्ञेयः स्यात् तथा सिंहविक्रमः ॥ ४४ ॥
कैवाडपाटकरणौ ताविवासहितावुभौ ।
तापिसैः स्वरकरणं पतेता ललि(ता) तथा ॥ ४५ ॥
तेपासैर्मिश्रकरणमनिर्युक्ता अमी स्मृताः ।
आर्यावृत्तद्विपथका ये गाथा दण्डकाद्विलाः(?) ॥ ४६ ॥
एते स्युः स्वपतायुक्ता मातृका पवितायुता ।
थडः पतेतासहितो निर्युक्ताः कथिता अमी ॥ ४७ ॥
पपातासहितो ज्ञेयः सिंहविक्रान्तनामकः ।
कलहंसः क्रौञ्चपदः स्वपतासहितावुभौ ॥ ४८ ॥
गीतविद्याविशेषज्ञैः कथिता उभयात्मिकाः ।
श्रीवर्धन इति ख्यातः पातापिपतितो बुधैः ॥ ४९ ॥
विरुदस्वरपदतालैः स्वरपदकरणं स्वराङ्कश्च ।
ज्ञेया सा गजलीला वर्तनी विवर्तनी च पञ्चापि(?) ॥ ५० ॥
विज्ञेयं बन्धकरणं सविपातायुतो बुधैः ।
प्रबन्धश्चित्रकरणं पञ्चतालैश्चरस्तथा ॥ ५१ ॥
प्रबन्धस्तेन्नकरणं स्वतेतापियुतः स्मृतः ।
तेपासपयुतः प्राज्ञैश्चतुरङ्ग इतीरितः ॥ ५२ ॥
अनिर्युक्ता अमी प्रोक्ता गीतशास्त्रविशारदैः ।
तातेपसयुता तज्ज्ञैर्निर्युक्ता सा चतुष्पदी ॥ ५३ ॥
सपितापयुता तज्ज्ञैर्हयलीला निगद्यते ।
पपातास्वयुतौ ज्ञेयात्रिभङ्गी चोभयात्मिकौ(?) ॥ ५४ ॥
स्वतापितेपसहितो जयश्रीरिति कीर्तितः ।
स्याद् वस्तु विजयश्रीश्च वर्णस्वरचतुर्मुखौ ॥ ५५ ॥
स्वपापतातेसहिता विज्ञेया गीतकोविदैः ।
प्रबन्धो वर्धनानन्दस्तथा हरविलासका ॥ ५६ ॥
कथ्यते सपितातेता सहिताविति कोविदैः ।
अनिर्युक्ता अमी सर्वे निर्युक्तो वस्तुसंज्ञकः ॥ ५७ ॥

इति त्रिधातुकप्रबन्धाः ।

पता।युक्ता ढेङ्किका च एला सापवितायुता ।
गीतविद्याविशेषज्ञैः स्मृतौ ता।वुभयात्मिकौ ॥ ५८ ॥

प्रोक्ताविमौ चतुर्धात्र कचिज्झोम्बडरासकौ ।
पुनः प्रबन्धास्त्रिविधास्ते कथ्यन्ते यथाक्रमम् ॥ ५९ ॥

सूडक्रमगताः केचित् केचिदालिक्रमास्थिताः ।
तथान्ये विप्रकीर्णाख्या मुनिभिः प्रतिपादिताः ॥ ६० ॥

तत्र सूडक्रमः प्रोक्तः पञ्चधा गीतवेदिभिः ।
आदावतिजघन्यः स्याज्जघन्यस्तदनन्तरम् ॥ ६१ ॥

ततोऽपि मध्यमाख्या स्यादुत्तमाख्यास्ततः परम् ।
अत्युत्तमस्ततो ज्ञेयस्तेषां लक्षणमुच्यते ॥ ६२ ॥

झोम्बडो मट्टतालेन ततो निस्सारु झोम्बडः ।
कुडुक्केन ततो लम्भो लम्भो निस्सारुकेण च ॥ ६३ ॥

झम्पतालेन लम्भश्च रासकश्चैकतालिका ।
असावतिजघन्याख्यः सूडो गायकसर्वतः ॥ ६४ ॥

ढेङ्की ततो द्वितीयेन भवेत् तालेन झोम्बडः ।
मट्टेन झोम्बडश्चाथ ततो निस्सारुझोम्बडाः ॥ ६५ ॥

लम्भकोऽथ कुडुक्केन ततो निस्सारुलम्भकः ।
झम्पतालेन लम्भश्च रासकश्चैकतालिका ॥ ६६ ॥

सूडो जघन्यनामायं गीतज्ञैः समुदाहृतः ।
एलापूर्वं ततो ढेङ्की तस्माद् गारुगिझोम्बडः ॥ ६७ ॥
द्वितीयझोम्बडश्चाथ ततो मट्टेन झोम्बडः ।
झोम्बडोऽथ तृतीयेन ततो निस्सारुझोम्बडः ॥ ६८ ॥

झोम्बडो द्रुतनिस्सारो लम्भको झम्भया ततः ।
रासकश्चैकताली च सूडोऽयं मध्यमः स्मृतः ॥ ६९ ॥

करणं प्रागथैला स्याड्ढेङ्किका तदनन्तरम् ।
गा(रा ? रु)ग्या झोम्बडश्चाथ द्वितीयेनापि झोम्बडः ॥ ७० ॥

झोम्बडश्चैकतालेन ततो मट्टेन झोम्बडः ।
तृतीयझोम्बडश्चाथ ततो निस्सारुझोम्बडः ॥ ७१ ॥

झोम्बडोऽथ कुडुक्केन झम्पातालेन लम्भकः ।
रासकश्चैकताली च सूडः स्यादुत्तराभिधः ॥ ७२ ॥
गद्यं ततश्च करणं वर्तन्येला च ढेङ्किका ।
गारुग्या चोम्बडश्चाथ द्वितीयेनापि झोम्बडः ॥ ७३ ॥
झोम्बडश्चैकतालेन प्रतिमट्टेन चोम्बडः ।
झोम्बडोऽथ तृतीयेन ततो निस्सारुझोम्बडः ॥ ७४ ॥
झोम्बडो द्रुतनिस्सारो झम्पातालेन लम्भकः ।
रासकश्चैकताली च सूडः स्यादुत्तमोत्तमः ॥ ७५ ॥
उत्तमोत्तमसूडान्तर्गणैलागानमाहृतम् ।
रागस्य नियमाद् गातुर्नेतिरागान्तरेण तत् ॥ ७६ ॥
तदुक्तं रसरागाभ्यामौचित्यात् सैव गीयते ।
प्रौढानेनैव रागेण सूडोऽपि परिगीयते ॥ ७७ ॥
अत उत्तमसूडे तु रागस्य नियमं विना ।
छन्दस्वती सङ्करैला मात्रैला परिगीयते ॥ ७८ ॥
मध्ये मध्ये मङ्कुडस्य रागस्य नियमेन तु ।
वर्णैला वर्णमालैला देशाख्यैला च गीयते ॥ ७९ ॥
उत्तमोत्तमसूडे तु प्रथमं मातृका भवेत् ।
पञ्चतालेश्वरो यद्वा हृद्यं गद्यमथापि वा ॥ ८० ॥
आलिक्रमोऽयमेवोक्तः प्रतापपृथिवीभुजा ।
असमत्रैला च ढेङ्की च ततो गारुगितालतः ॥ ८१ ॥
द्वितीयेन च तालेन प्रतिमट्टाभिधेन च ।
ततो निस्सारुतालेन झोम्बडो लम्भकस्तथा ॥ ८२ ॥
रासकश्चैकताली च स्थायिनो नव कीर्तिताः ।
शेषाः सञ्चारिणः षट् च परिवृत्तिसहिष्णवः ॥ ८३ ॥
उत्तमः प्राकृस्वरार्थः स्यात् स्वराङ्को वा थढोऽथवा ।
करणं वा त्रिभङ्गिर्वा यद्वा क्रौञ्चपदाभिधः ॥ ८४ ॥
भेवच्छरभलीलो वा पञ्चभङ्गिरथापि वा ।
तत्रैला ढेङ्किका चैव ततो गारुगितालतः ॥ ८५ ॥
द्वितीयेन च तालेन ततो निस्सारुतालतः ।
झोम्बडो लम्भको रासश्चैकतालीति कीर्तिताः ॥ ८६ ॥

स्थायिनोऽष्टापि हीने तु पञ्च सञ्चारिणः स्मृताः ।
एला स्थान्मध्यमे पूर्वं ढेङ्किका तदनन्तरम् ॥ ८७ ॥
गारुग्याख्येन तालेन द्वितीयेन च झोम्बडः ।
ततो निस्सारुलम्भश्च रासकश्चैकतालिकः ॥ ८८ ॥

इति सप्त समुद्दिष्टाः प्रबन्धाः स्थायिनो बुधैः ।
क्रमेण शेषाश्चत्वारो यथाविधि समीरिताः ॥ ८९ ॥

जघन्ये प्रथमे ढेङ्की द्वितीयेन तु झोम्बडः ।
निस्सारुणा पितालेन लम्भा रासैकतालिका ॥ ९० ॥

पञ्चैते स्थायिनः प्रोक्तास्त्रयोऽन्ये तु यथारुचि ।
भवन्त्यतिजघन्ये तु मट्टतालेन झोम्बडः ॥ ९१ ॥

निस्सारु झोम्बडो लम्भो रासकश्चैकतालिका ।
पञ्चैते स्थायिनो ज्ञेया द्वावन्यौ तु यथारुचि ॥ ९२ ॥

त्यक्त्वा कु + कनिस्सारु लम्भावादौ ध्रुवं न्यसेत् ।
अन्तरे चण्डनिस्सारुमट्टादि स्याद् ध्रुवादिकाः ॥ ९३ ॥
एक एव प्रबन्धश्चेन्मलरूपेण गीयते ।
तालैनेकेन नानार्थः स सूडो विप्रकीर्णकः ॥ ९४ ॥

एकैकशोऽपि गातव्यः प्रबन्धो विनियोगतः ।

अथ सूडक्रमाश्रितप्रबन्धलक्षणं वक्ष्ये —

उद्ग्राहः प्रथमार्धे य ढेङ्किकायां विधीयते ॥ ९५ ॥
आवृत्त्या तच्च गातव्यं समं वा विषमग्रहे ।
द्वितीयार्धे तु तेनैव सकृद्गीतेन गीयते ॥ ९६ ॥
मेलापकस्ततस्तालयुक्तो गेयो विकल्पतः ।
उद्ग्राहे चैव मेलापे ढेङ्कितालो भवेद् यतः ॥ ९७ ॥

तस्मादस्य प्रबन्धस्य नाम ढेङ्कीति कीर्तितम् ।
तालोऽत्रान्यो लयश्चान्यस्ततो वारद्वयं बुधैः ॥ ९८ ॥
एकगीतध्रुवस्याद्यं सानुप्रासं पदद्वयम् ।
अन्यगीतेन गातस्य तृतीयोऽङ्घ्रिध्रुवाश्रयः ॥ ९९ ॥
आभोगं च सकृद् गीत्वा ध्रुवं गीत्वा ततः पुनः ।
उद्ग्राहतालमानेन तस्य न्यासो विधीयते ॥ १०० ॥

॥ ढेङ्कीसामान्यलक्षणम् ॥

उद्ग्राहस्यादिमं भागं गायेद् वारद्वयं ततः ।
सकृदेव द्वितीयार्धं ततोऽपि गमकैर्युतम् ॥ १०१ ॥
मेलापकं विकल्पेन ततो वारद्वयं ध्रुवम् ।
आभोगं च सकृद् गीत्वा स्वावेण न्यास इष्यते ॥ १०२ ॥
भागोऽपि झोम्बडे कार्य इति केचित् प्रचक्षते ।
गीतेन प्राक्तनेनैव यत्रोद्ग्राहः पदान्तरैः ॥ १०३ ॥
विवक्षितार्थशेषस्य पूर्णत्वापादनाय च ।
अपरः क्रियते योऽसौ स भागः परिकीर्तितः ॥ १०४ ॥
शरीरस्य यथा छाया भवत्यव्यथचारिणी ।
ह्रासवृद्धियुता चैव झोम्बडे गमकस्थितिः ॥ १०५ ॥
तारजोऽतारजश्चेति झोम्बडो जातियुग्मकम् ।
तारो ध्वनिः समुद्दिष्टो गायकैः स्थानकाख्यया ॥ १०६ ॥
तेन तारेण संयुक्तो झोम्बडस्तारजः स्मृतः ।
तारजस्य परिज्ञेयं तत्र भेदचतुष्टयम् ॥ १०७ ॥
तच्च दुष्करमेवोक्तं गीतविद्याविशारदैः ।
आदौ प्रतापतिलको भवेत् प्रतापसङ्गमः ॥ १०८ ॥
ततोऽचलप्रतापः स्यात् ततः प्रतापवर्धनः ।
उद्ग्राहे स्थानकस्थित्या प्रतापतिलको भवेत् ॥ १०९ ॥
प्रतापसङ्गो मेला(प)स्थानकस्य निवेशनात् ।
स्मृतोऽचलप्रतापोऽसौ प्रापे स्थानकनिर्मितेः ॥ ११० ॥
प्रतापवर्धनो ज्ञेय आभोगे स्थानकान्वयात् ।

॥ तारजः ॥

ततः प्रभूतगमकस्ततोऽल्पगमकाभिधः ॥ १११ ॥
त्रिधातुकस्तृतीय(श्च) स्यादल्पगमकाभिधः ।
त्रिधातुकस्तृतीयः स्यादतारजभिधात्रयम् ॥ ११२ ॥
अनेकगमकत्वेन विपुलायासयोगतः ।
प्रभूतगमको नाम झोम्बडो दुष्करः स्मृतः ॥ ११३ ॥

अल्पैस्तु गमकैः क्लृप्तः स्यादल्पगमकाभिधः ।
गमकानामबाहुल्यादक्लेशेन च गानतः ॥ ११४ ॥
त्रिधातुकः परिज्ञेयो मेलापेन विवर्जितः ।
त्रिधातुकाल्पगमकौ सुकरौ परिकीर्तितौ ॥ ११५ ॥
सप्तैते कथिता भेदास्ताले गारुकिनामनि ।
एवं द्वितीयतालेऽपि सप्त भेदा भवन्ति ये ॥ ११६ ॥
उद्यत्प्रतापः प्रथमं भवेत् स प्रतापयोगस्तदनन्तरं स्यात् ।
स्थिरः प्रतापश्च भवेत् प्रतापः सशेखरो दुष्करनामधेयः ॥ ११७ ॥
उद्यत्प्रतापमुद्ग्राहे स्थानकस्य निवेशनात् ।
प्रतापयोगमेलापे वदन्ति स्थानकस्थितेः ॥ ११८ ॥
ध्रुवे स्थिरप्रतापं च स्थानकस्य निवेशनात ।
प्रतापशेखरं प्राहुराभोगे स्थानकान्वयात ॥ ११९ ॥
अन्योऽपि भूरिगमको गमकः सूक्ष्मपूर्वकः ।
त्रिधातुकश्च विज्ञेया दुष्कराः सुकरास्त्रयः ॥ १२० ॥
प्रभूतगमकाद्येषु त्रिषु यल्लक्षणं कृतम् ।
तदेव भूरिगमकप्रभृतिष्ववगम्यताम् ॥ १२१ ॥
केवलं तालभेदेन नामभेदः प्रकीर्तितः ।
अन्येऽपि भेदा विद्यन्ते झोम्बडस्य पुनस्त्रयः ॥ १२२ ॥
गद्यजः पद्यजश्चैव गद्यपद्यमयस्तथा ।
क्रमेण लक्षणं तेषां यथावत् प्रतिपाद्यते ॥ १२३ ॥
संस्कृतैर्देशजैर्वापि सानुप्रासैः पदैर्भवेत् ।
गीतविद्भिः स विज्ञेयो झोम्बडो गद्यजाह्वयः ॥ १२४ ॥
छन्दसा येनकेनापि निबद्धः पद्यजः स्मृतः ।
झोम्बडो गद्यपद्याभ्यां गद्यपद्यमयो भवेत् ॥ १२५ ॥
झोम्बडं दुष्करं त्यक्त्वा प्रभूतगमकं तथा ।
गद्यजं पद्यजं चैव गद्यपद्यमयं तथा ॥ १२६ ॥
लघुशेखरताले स्युरन्येऽल्पगमकादयः ।
प्रतिमट्टे तृतीये च मट्टे निस्सारुके तथा ॥ १२७ ॥

चण्डनिस्सारुके चैव चण्डपूर्वतृतीयके ।
एतेषु झोम्बडा गेया + + + लघुशेखरे ॥ १२८ ॥
कुटुकाख्येन तालेन झोम्बडो गीयते यदा ।
पदैरपि विना कार्या तदाभोगस्य कल्पना ॥ १२९ ॥
एवमष्टादश प्रोक्ता झोम्बडा गीतवेदिभिः ।

॥ झो.म्बडः ॥

उद्ग्राहेऽङ्घ्रिद्वयं प्रासैः प्रतिपादं गणाश्च षट् ॥ १३० ॥
पादस्यान्ते प्रयोगः स्यात् पल्लवाख्यं पदं ततः ।
पल्लवाख्ये पदे नास्ति नियमो गणवर्णयोः ॥ १३१ ॥
अनेनैव प्रकारेण द्वितीयाङ्घ्रेः प्रकल्पना ।
गीत्वा ततस्तृतीयाङ्घ्रिर्गेयो मेलापको भवेत् ॥ १३२ ॥
(तथा) पादत्रये गीतमेकमेव विधीयते ।
सप्रासोऽथ ध्रुवो गेयो वर्ण्यनाम्ना समन्वितः ॥ १३३ ॥
आभोगश्च ततो गेयो गातुर्नाम्ना विराजितः ।
ध्रुवं गीत्वा ततो न्यासः सर्वैलासु प्रशस्यते ॥ १३४ ॥

॥ एला ॥

स्वराख्यं करणं पूर्वं पादाख्यं करणं तथा ।
तृतीयं बन्धकरणं तुर्यं स्वरपदात्मिकम् ॥ १३५ ॥
पञ्चमं चित्रकरणं षष्ठं तेन्नकपूर्वकम् ।
सप्तमं मिश्रकरणं तेषां लक्षणमुच्यते ॥ १३६ ॥
धातुद्वयं स्वरैरेव नैरन्तर्येण गीयते ।
द्रुतशेखरतालेन करणे स्वरपूर्वके ॥ १३७ ॥
करणं करणाख्येन तालेन किल गीयते ।
दृश्यते तत्र लक्ष्येषु युक्तियुक्ता त्रुटिप्पणे(?) ॥ १३८ ॥
इष्टस्वरो ग्रहस्तस्मिन्नंशेन न्यास इष्यते ।
आभोगे वर्णनीयस्य नाम गातुश्च निक्षिपेत् ॥ १३९ ॥
द्विर्गायेदादिमं खण्डं सकृदेव द्वितीयकम् ।
तृतीयं तु सकृद् गीत्वा ध्रुवं गायेदनन्तरम् ॥ १४० ॥

उद्ग्राहेण ततो न्यासः करणे स्वरपूर्वके ।
गानप्रकारो यस्यैव मङ्गलारम्भकं हि तत् ॥ १४१ ॥
गीत्वा पूर्वं द्विरुद्ग्राहं सकृद् गायेद् ध्रुवं ततः ।
उद्ग्राहस्यान्तरं भागं गीत्वाभोगध्रुवं ततः ॥ १४२ ॥
उद्ग्राहेण पुनर्न्यासः क्रियते यत्र तद् भवेत् ।
करणं कीर्तिलहरिं ज्ञं श्रुतिसुखावहम् ॥ १४३ ॥
उद्ग्राहध्रुवयोर्गानं पूर्ववद् यत्र दृश्यते ।
ध्रुवग र्भे ततो गेयमाभोगावपि पूर्ववत् ॥ १४४ ॥
आनन्दवर्धनं नाम तदेतत् करणं मतम् ।
संज्ञात्रितयमुक्तं यन्मङ्गलारम्भपूर्वकम् ॥ १४५ ॥
स्वराख्ये करणे न्पष्टं तत् स्यादन्येषु षट्स्वपि ।
स्वरैः सहस्तपाटैश्च व्यत्यासराचतरपि ॥ १४६ ॥
धातुद्वये परिज्ञेयं तत्पा(ट ? द)करणं द्विधा ।

॥ पादकरणम् ॥

स्वरा मुरजपाटाश्च यत्र स्युर्धा युग्मके ॥ १४७ ॥
तद् बन्धकरणं नाम विज्ञय गी कोविदैः ।

॥ बन्धकरणम् ॥

धातुद्वयं भवेद् यत्र स्वैररथ पदैरपि ॥ १४८ ॥
तदुक्तं गीत र ज्ञैः करणं पदपूर्वकम् ।

॥ स्वरपदकरणम् ॥

स्वराश्च हस्तपाटाश्च समं स्युर्मुग्जाक्षरैः ॥ १४९ ॥
पादैर्धातुद्वये यत्र तच्चित्रकरणं मतम् ।

॥ चित्रकरणम् ॥

स्वराः सतेन्नका यत्र दृश्य ते धातुयुग के ॥ १५० ॥
तदुक्तं ते(न ? न्न)करणं चा+ + + सुध भुजा ।

॥ तेन्नकरणम् ॥

स्वरैः पाटैस्तथा तेन्नैर्यत्र धातुद्वयं भवेत् ॥ १५१ ॥
तन्मिश्रकरणं ज्ञेयं प्रान्ते बिरुदसंयुतम् ।

॥ मिश्रकरणम् ॥

॥ इति करणम् ॥

गीत्वा द्विपादमुद्ग्राहं ध्रुवाभोगावनन्तरम् ॥ १५२ ॥
ध्रुवकेण पुनर्मुक्तिर्वर्तन्यां सूत्रयेद् बुधः ।
प्रतितालो द्रुतो मट्टः कङ्कालश्च कुटुक्कुरः ॥ १५३ ॥
वर्तन्यां न भवन्त्येते तालास्त्वन्ये भवन्ति हि ।
स्वराख्यकरणाद् भेदो वर्तन्यामयमेव तत् ॥ १५४ ॥
विलम्बितो लयस्तस्यां करणे तु द्रुतो लयः ।

॥ वर्तनी ॥

प्रतितालादयः पञ्च वर्तन्यां ये निवारिताः ॥ १५५ ॥
तैरेव गीयते या सा वर्तन्ये(व) विवर्तनी ।
आदौ यत्र स्वरालापः क्रियते तालवर्जितः । १५६ ॥
वर्तन्यां + + + + + सा स्यादालापपूर्वका ।

॥ विवर्तनी ॥

स्वरैरभीष्टो यत्रार्थः सप्तभिः प्रतिपाद्यते ॥ १५७ ॥
स्वरार्थोऽसौ द्विधा ज्ञेयः शुद्धमिश्रविभेदतः ।
क्रमेण व्युत्क्रमेणेति प्रत्येकं तौ द्विधा मतौ ॥ १५८ ॥
शुद्धया रागा(?) श्रुतिस्थानकृतया तस्य सम्भवः ।
शुद्धः स्वरार्थो विज्ञेयः केवलैः सप्तभिः स्वरैः ॥ १५९ ॥
यत्र स्वराणां सप्तानामेकैकं प्रथमाक्षरम् ।
अक्षरान्तरसम्मिश्रं गीयते स तु मिश्रकः ॥ १६० ॥
शशिस्तनाभिनेदेषुरसाश्चेति हिताभिधाः ।
एकादिस्वरभेदेन स्वरार्थः सप्तधा स्मृतः ॥ १६१ ॥
आभोगोऽन्यपदैश्चास्य भ्र(ह ? हे)णैव प्रमुच्यते ।

॥ स्वरार्थः ॥

अपादः पदसन्दोहो गद्यं षोढा तदिष्यते ॥ १६२ ॥
वृत्तगन्धि तथा चूर्णमन्यदुत्कलिकाभिधम् ।
ललितं च तथा खण्डं चित्रं तल्लक्ष्म कथ्यते ॥ १६३ ॥
पद्यभागान्वितं गद्यं वृत्तगन्धि निगद्यते ।
असमस्तैः समस्तैर्वा द्वित्रैरङ्घ्रि चतुरैः पदैः ॥ १६४ ॥

रचितं चूर्णमाख्यातं गद्यं गद्यविशारदैः ।
गौडरीत्या युतं गद्यं प्रोक्तमुत्कलिकाभिधम् ॥ १६५ ॥

समस्तैः पञ्चषैर्बद्धं पदैर्ललितमीरितम् ।
प्रक्रान्तरीतिभङ्गेन बृहल्लघुपदैर्युतम् ॥ १६६ ॥

गद्यं खण्डमिति प्राहुर्गद्यभेदविशारदाः ।
गद्यं चित्रमिति प्रोक्तं नानारीतिसमन्वितम् ॥ १६७ ॥

वृत्तग(न्धी ? न्धि)नि पाञ्चाली रीतिः शान्तो रसो भवेत् ।
वृत्तिश्च भारती ज्ञेया सामवेदसमुद्भवे(त् ?) ॥ १६८ ॥

चूर्णे स्यात् सात्त्वती वृत्तिर्वैदर्भी रीतिरुत्तमा ।
शान्तो रसो विजानीयाद् गद्यविद्याविशारदैः (?) ॥ १६९ ॥

उत्कलिकाह्वये रीतिर्गौडी वीररसो भवेत् ।
वृत्तिरारभटी ज्ञेया गीततत्त्वविचक्षणैः ॥ १७० ॥

ललिते पाञ्चालरीतिः स्यात् कैशिकी वृत्तिरुत्तमा ।
रसः शृङ्गारनामायमादिशास्त्रार्थस(र्वे ? म्म)तः ॥ १७१ ॥

खण्डगद्ये रसो हास्यो वैदर्भी रीतिरिष्यते ।
सात्त्वती वृत्तिरिष्टा मे पूर्वशास्त्राविरोधतः ॥ १७२ ॥

चित्रगद्ये च वैदर्भीरीतिर्वृत्तिश्च कैशिकी ।
रसः शृङ्गारसंज्ञोऽयं गीतज्ञैः समुदाहृतः ॥ १७३ ॥

प्रणवाद्यं भवेद् गद्यं गेयं तालविवर्जितम् ।
मिथः सयमकैः षड्भिरष्टभिर्वा समन्वितम् ॥ १७४ ॥

पदान्येतानि मेधावी गायेद् गीतानुसारतः ।
गद्येऽनुयायिनः कार्यो गीतस्य नियमो बुधैः ॥ १७५ ॥

मध्ये मध्येऽत्र गमकाः सर्वे वर्णाश्च युक्तितः ।
गद्यरीत्या विधातव्यावविलम्बविलम्बितौ ॥ १७६ ॥

अतालपदपर्यन्ते स्वरा ज्ञेया विचक्षणैः ।
मध्ये मध्ये तु गद्यस्य स्वराः प्रान्तेऽथवा मताः ॥ १७७ ॥

ततः प्रबन्धनामाङ्कं सतालं पदयुग्मकम् ।
गुर्वक्षराणामल्पत्वे द्रुतमध्या प्रकीर्तिता ॥ १७८ ॥

गुरुभिर्लघुभिर्मिश्रैर्ज्ञेया मध्यविलम्बिता ।
प्रत्येकं षड्विधे गद्ये षट्प्रकारगतिर्भवेत् ॥ १७९ ॥
अतः षट्त्रिंशदेव स्युर्भेदा गद्यसमाश्रयाः ।

॥ गद्यम् ॥

लम्भकश्चोपलम्भश्च विलम्भश्चाथ लक्षणम् ॥ १८० ॥
पदमेकं पदे द्वे वा किञ्चिद्भ्रमकसंयुते ।
सकृद् गीत्वा ततो गेयं द्वौ वारौ ध्रुवकाभिधम् ॥ १८१ ॥
आभोगं च ततो गीत्वा ध्रुवेण न्यास इष्यते ।
इत्येष लम्भकः प्रोक्ता भागैर्द्वित्रिर्विभूषिता(?) ॥ १८२ ॥
अतालालापयुक्तः प्राग् ध्रुवाभोगौ च तालभाक् ।
विलम्भकः परिज्ञेयो ध्रुवन्यासेन संयुतः ॥ १८३ ॥
पदैर्नानाविधैर्यस्मादेकगीतैः पुनः पुनः ।
उद्ग्राहे वा ध्रुवे वापि द्वयोर्वाभोगवर्जितः ॥ १८४ ॥
उपलम्भ इति प्रोक्तः स नाम्ना गीतकोविदैः

॥ लम्भकः ॥

आदितालसमायुक्ते गमकादिविवर्जिते ॥ १८५ ॥
रासके झोम्बडस्येव शेषं लक्षणमीरितम् ।
अन्यैर्यास्त्रिविधः प्रोक्तो गणमात्रादिभेदतः ॥ १८६ ॥
रासकः किन्तु कास्त्यस्य(?) लक्ष्ये कुत्रापि दर्शनम् ।
आलापं केचिदिच्छन्ति रासके प्राज्ञमनीषिणः ॥ १८७ ॥
केचिदेकपदोद्ग्राहं रासकं प्रतिपेदिरे ।

॥ रासकः ॥

द्विरुद्ग्राहं ध्रुवं द्विश्च गीत्वाभोगं सकृत् पुनः ॥ १८८ ॥
ध्रुवं गीत्वा ततः कार्यो न्यासो गीतविशारदैः ।
घनद्रुता घनप्रासा यत्या च घनया युता ॥ १८९ ॥
एकतालाख्यतालेन गेया स्यादेकतालिका ।
अलापानिर्मितः कैश्चिदस्या उद्ग्राह इष्यते ॥ १९० ॥

॥ एकताली ॥

॥ इति शुद्धसूडाः ॥

अथ सालगूडक्रमं वक्ष्ये —

आदौ ध्रुवा ततो मट्ठा (प्रति)मट्ठा च लम्भकः ।
अड्डुताली रासकश्च एकतालीव कीर्तिताः ॥ १९१ ॥

आदौ पादौ समगणयुतौ धातुसाम्यौ ततस्त-
तुल्यो वाङ्घ्रिस्त्वधिक इतरो धातुनान्येन युक्तः ।
स्यादुद्ग्राहेऽत्र पदसहितो गेय एष द्विवारं
त्वङ्घ्री गीत्वा सकृदपि पुनर्न्यस्यते चोद्ग्राहे सः ॥ १९२ ॥

स ध्रुव एकादशधा —

शशिहासहंसमाधवनीलोत्पलतापसप्रजानाथाः ।
हरिहरनरपतिशक्रा एकादश ते क्रमादुक्ताः ॥ १९३ ॥

भवति शशाङ्कः क्रमशो मधुरतरो मन्द्रमध्यताराख्ये ।
तेषामपि विशदानां व्युत्क्रमतो जायते *भासः ॥ १९४ ॥

तेषामपि स्फुटानां मध्यादीनामसौ हंसः ।
सुकुमाराणां तेषां मध्यान्तानां वसन्ताख्यः ॥ १९५ ॥

तेषां विकासभाजामभिदूर्वाङ्को(?) भवेत् कुमुदः ।
तेषां प्रसन्नभाजां लीलानां तापसो भवति ॥ १९६ ॥

प्रचुरस्फुरितैस्तैरपि सुव्यक्तो भवति कमलभवः ।
तैरेव तिरिपुबहुलै (कोमलयति ? कमलापति)नामको भवति ॥ १९७ ॥

तैरेव तिरिपुभिन्नैः शैलसुतावल्लभो भवति ।
तैरान्दोलनबहुलैर्जायेतासौ वसुन्धराधीशः ॥ १९८ ॥

तैरेव कम्पबहुलैः सहस्रनयनाभिधो भवति ।

॥ इत्येकादश ध्रुवाः ॥

मट्ठा च प्रतिमट्ठा च लम्भकश्चाड्डुतालिका ॥ १९९ ॥
रासकश्चैकताली च ध्रुवकेनापि गीयते ।
गेयः स्यात् सकृदुद्ग्राहो द्विवारं ध्रुवकस्ततः ॥ २०० ॥
गीत्वाभोगं द्विरुद्ग्राहो ध्रुवे लम्भकजातिकः ।
समादितालपङ्क्तेन(?) यदा गायेत लम्भकः ॥ २०१ ॥

---

* 'हास' इति लक्ष्ये पठ्यते ।

तत्तत्तालाभिधानेन लम्भ(कः ? कं) कथयन्ति च ।
गण्डकी गूर्जरी चैव रामकी (व ? फ)लमञ्जरी ॥ २०२ ॥
छायागौडश्च देशाख्या वराटी कथिता तथा ।
बुधैः सालगनाट्टा च रागाः सालकसंज्ञिताः ॥ २०३ ॥
छायया अलमत्यर्थं गीयत इति छायालगः(?) ।

अथ गानक्रमः —

एकैकशोऽपि गातव्यः प्रबन्धो विनियोगतः ॥ २०४ ॥
चमत्कारं जनयितुं विनादेषु सहापतेः(?) ।
अनुसारः सानुसारस्त(तो ? थो)त्तराभिधः परः ॥ २०५ ॥
खलोत्तरं च कुरुपुः पट्टान्तरन(ला ? वा)न्तरौ ।
उच्यते समयस्तस्माद् विज्ञेयं परिवर्तनम् ॥ २०६ ॥
नवधा रूपकं प्रोक्तं गीतविद्याविचक्षणैः ।
क्रमेण लक्षणं तेषां वक्ष्ये लक्ष्यानुसारतः ॥ २०७ ॥
तालरागप्रमेयश्च सदृशं पूर्ववस्तुनः ।
नवं वस्त्वनुसाराख्यं दर्पणे प्रतिबिम्बवत् ॥ २०८ ॥
इदमेव गुणैरीषत् सदृशं पूर्ववस्तुनः ।
सानुसाराभिधं ज्ञेयं गीतलक्षणकोविदैः ॥ २०९ ॥
सममात्रं विशिष्टार्थं किञ्चित् तालविलम्बितम् ।
चडालश्रुतिसंयुक्तमुत्तरं गीतमुच्यते ॥ २१० ॥
स्वस्थानकपरित्यागात् स्थेया नैवादिरूपके ।
नीचोच्चस्थानकैरन्यगानं खलोत्तरं विदुः ॥ २११ ॥
एकस्यैव पदार्थस्य बहूनां वोपमादिभिः ।
स स्यादिष्टार्थनिर्वाहः कुरु(षुः ? पुः) परिकीर्तितः ॥ २१२ ॥
परीक्ष्यमाणयोस्तज्ज्ञैरुभयोर्यदि वस्तुनोः ।
गुणाधिक्यमनिश्चेयं पट्टान्तरमिति स्मृतम् ॥ २१३ ॥
अर्थभाषाक्रियारागधातुमा (तु ? तृ)त्र्येषु च ।
रसरीत्योर्नवत्वं यन्नव इत्यभिधीयते ॥ २१४ ॥
गजाद्यारोहणादौ तु सम(यो ? ये) नृपवर्णनम् ।
तदानीमेव रचितं भवेत् तत् समयाभिधम् ॥ २१५ ॥

रूपकं स्थानके रागे ताले गीयेत गायकैः ।
परिवृत्त्यान्यथा गीतं तदेव परिवर्तनम् ॥ २१६ ॥
रीतयः सन्ति कथिताः षडेव कथयामि ते ।
चोक्षगायनरीतिश्च योगिरीतिः क्वचिद् भवेत् ॥ २१७ ॥
मलिनगायनरीतिश्च गीतिः सा योषितां क्वचित् ।
क्वचित् पेरणरीतिश्च रीतिः कथकसंज्ञिता ॥ २१८ ॥
रीतिर्भङ्गिरिति प्रोक्ता रीतिलक्षणकोविदैः ॥ २१८½ ॥

इति सङ्गीताकरनामधेयश्रीपार्श्वदेवविरचिते सङ्गीत-
समयसारे चतुर्थमधिकरणम् ॥

अथ पञ्चममधिकरणम् ।

अ(थ) गीतानुगामित्वाद् वाद्यमत्र प्रव(र्ज्य ? र्त्य)ते ।
उद्देशक्रमतः किञ्चित् सर्वलोकानुरञ्जनम् ॥ १ ॥
ततं ततोऽवनद्धं च घनं च सुषिरं तथा ।
चतुर्विधमिदं प्राहुरातोद्यं वाद्यवेदिनः ॥ २ ॥
ततं तन्त्रीगतं ज्ञेयमवनद्धं तु पौष्टरम् ।
कांस्यं घनमिति प्रोक्तं सुषिरं सुषिरात्मकम् ॥ ३ ॥
वीणा चालावणी चैव किन्नरी लघुपूर्विका ।
बृहत्किन्नरिका चैव शकनीत्यादिगन्तरम् (?)[1] ॥ ४ ॥
पटहश्च हुडुक्का च ढक्का च तदनन्तरम् ।
मृदङ्गः करदेत्याद्यमवनद्धमुदाहृतम् ॥ ५ ॥
तालश्च कांस्यतालश्च घण्टिका क्षुद्रघण्टिका ।
पट्टश्च शुक्तिरित्याद्यं घनवाद्यमुदाहृतम् ॥ ६ ॥
वंशश्च महुरी चैव शङ्खः शृङ्गं तथैव च ।
इत्याद्यनेकधा पोक्तं सुषिरं वाद्यवेदिभिः ॥ ७ ॥
एकहस्तेन हस्ताभ्यां कोणेनाङ्गुलिभिस्तथा ।
नानाप्रकारैः फूत्कारैः श्रुतिसौख्यविधायिभि. ॥ ८ ॥
बहुप्रकारमेवं स्याद् वादनं लोकरञ्जनम् ।
तत् सर्वं पञ्चधा भूयः शुष्कं गीतानुगं तथा ॥ ९ ॥

---

१. 'नीत्यादिकं ततम्' इति पाठः स्यात् ।

नृत्यस्य चानुयायि स्यादुभयानुगमित्यपि ।
तन्त्र्याश्चानुगतं प्रोक्तं वाद्यविद्याविचक्षणैः ॥ १० ॥
विना गीतं बिना नृत्तं वाद्यं शुष्कमुदाहृतम् ।
अन्वर्थसंज्ञया ज्ञेयं शिष्टं वाद्यचतुष्टयम् ॥ ११ ॥
क्रियाभेदाद् वाद्यभेदात् तथैव व्याप्तिभेदतः ।
वीणाभेदाद् भवन्त्यन्ये तन्त्रीसंख्यावशादपि ॥ १२ ॥
भजते सर्ववीणानामेकतन्त्रीप्रधानता(?) ।
छन्दो धा(रा) कैर्कुटी च कङ्कालो वस्तुपूर्वकः ॥ १३ ॥
गजलीलाभिधानं च तथैवोपरिवादनम् ।
दण्डकं च तथा ज्ञेयं वाद्यं पक्षिरुताभिधम् ॥ १४ ॥
एतद् दशविधं नाम्ना वीणावाद्यं समीरितम् ।
खसितेन समायुक्तो बहुधा स्फुरितः करः ॥ १५ ॥
संस्पृ(ष्ट)तारं छन्दाख्यो यत्या च समलङ्कृतः ।
उत्क्षेपः परिवर्तश्च ताभ्यां स्याद् यत्र कर्तरी ॥ १६ ॥
रेफेण सहिता तद्वदुल्लेखो रेफसंयुतः ।
एवं समुदितं प्राहुर्धाराख्यं वादनं बुधाः ॥ १७ ॥
सुखेन स्फुरितेनापि निर्घोषेण च पाणिना ।
संयुक्तं चार्धकर्तर्या संयुक्तं वादनं विदुः ॥ १८ ॥
कर्तरीत्रयसंयुक्तं स्फुरितैर्मूर्छितैर्युतम् ।
कङ्कालनामकं वाद्यं प्राहुर्वैणिककोविदाः ॥ १९ ॥
कर्तर्या खसितेनापि कुहरेण परिस्फुटम् ।
तारः संस्पृश्यते यत्र तद् वाद्यं वस्तुसंज्ञकम् ॥ २० ॥
कर्तरीखसिताभ्यां यत् कुहरेण च संगतम् ।
निर्घोषरेफ(हु?भ्र)मैस्तूर्णं तत् करणं विदुः ॥ २१ ॥
कर्तर्या खसितेनापि मूर्च्छितः स्फुरितैः करैः ।
विरच्यते तु (त?य)द्वाद्यं गजलीलं तदीरितम् ॥ २२ ॥
अधस्तादुपरिष्टाच्च यवयातः(?) करौ क्रमात् ।
रेफकर्तरिनिष्कोटैस्तलेनोपरिवाद्यकम् ॥ २३ ॥

---

१. लक्षणे पुनरस्याः स्थाने नामान्तरं पठितम् । २. लक्षणे तूर्णमिति दर्शनात् तूर्णकमितीह पाठः स्यात् ।

निक्षिप्य परिवर्ताभ्यां कर्तर्या च सरेफया ।
मानेन खसितेनापि मण्डितं दण्डकं विदुः ॥ २४ ॥
समस्तहस्तसंयोगाद् वाद्यं पक्षिरुतं मतम् ।
इत्युक्तं दशधा वाद्यं गीतलक्षणवेदिभिः ॥ २५ ॥
सकलं निष्कलं चेति वाद्यमेतद् द्विधा भवेत् ।
कथितं शङ्करेणेदमेकतन्त्रीसमाश्रयम् ॥ २६ ॥
तथा जीवा विधातव्या लग्ना नादे यथा भवेत् ।
यत् तया जी(व्य ! व्य)वे नादस्तेन जीवेति सा मता ॥ २७ ॥
तन्त्रिका पत्रिकायां तु क्वचिल्लगति वाथवा ।
लग्ना सैव कला ज्ञेया वीणाप्रावीण्यशालिभिः ॥ २८ ॥
तदुक्तं सकलं वाद्यं यतः स्थूलो भवेद् ध्वनिः ।
असंस्पर्शेन तर्जन्या दोरिकापत्रिकावधि ॥ २९ ॥
सार्यते तन्त्रिका यत्र सकलं तदपि स्मृतम् ।
विन्दोरु + यसिद्ध्यर्थं जीवा हीना विधीयते ॥ ३० ॥
निषादस्वरतोऽधस्तात् तन्त्रिका नैव सर्पति ।
यत्र स्यात् तर्जनीस्पर्शो निष्कलं तन्निगद्यते ॥ ३१ ॥
सन्निविष्टा तथोत्क्षिप्ता तृतीया चोभयात्मिका ।
सङ्गं तन्त्र्याः परित्यज्य संसर्पेद् यत्र सारणा ॥ ३२ ॥
सन्निविष्टाभिधाना सा सारणा कथिता बुधैः ।
स्पर्शे स्पर्शे समुत्सृज्य तन्त्रीमुत्प्लुत्य सारणम् ॥ ३३ ॥
यद् या(दि ! ति) सोदितोत्क्षिप्ता निष्कले सकलेऽथवा ।
भवेत् कुत्रचिदुत्क्षिप्ता संस्पृष्टा कुत्रचिद् भवेद् ॥ ३४ ॥
इति क्रियाद्वयीयोगात् सारणा सोभयात्मिका ।
सारणा त्रिप्रकारेयमेकतन्त्रीसमाश्रिता ॥ ३५ ॥
अन्यासामपि वीणानां यथौचित्येन सारणा ।
घातः पातश्च सल्लेख उल्लेखश्चावलेखकः ॥ ३६ ॥
छिन्नसन्धितसंज्ञश्च भ्रमरश्चेति दक्षिणे ।
हस्ते यापारभेदाः स्युर्वामे स्फुरितघर्षणे ॥ ३७ ॥

मध्यमाक्रान्ततर्जन्या यदा तन्त्री निहन्यते ।
तदा(या ! घा)तो भवेत् पातस्तर्जन्यैवैकया पुनः ॥ ३८ ॥
तर्जन्यन्तरघातस्तु सल्लेखः समुदाहृतः ।
मध्यमान्तरघातस्तु भवेदुल्लेखसंज्ञकः ॥ ३९ ॥
मध्यमाबाह्यघातोऽसाववलेख इति स्मृतः ।
तर्जनीपार्श्वसंलग्ना ह(त ? ता)नामिकया बहिः ॥ ४० ॥
तन्त्री यदा तदा ज्ञेया घातश्छिन्नाभिधानवान् ।
मध्यमानामिकाभ्यां तु बहिस्तन्त्री यदा हता ॥ ४१ ॥
तदा विचक्षणैरुक्तो घातोऽसौ सन्धिताह्वयः ।
अङ्गुलीभिश्चतसृभिरन्तराहननं द्रुतम् ॥ ४२ ॥
यदा विरच्यते घातस्तदा भ्रमरको भवेत् ।
तन्त्रीपृष्ठे तु संलग्ना वेपते यत्तु सारणा ॥ ४३ ॥
ख्यातः स्फुरितसंज्ञोऽसौ घर्षणाद् (घसितः ?) पुनः ।
अङ्गुलीभिश्चतसृभिः प्रत्येकं हस्तयोर्द्वयोः ॥ ४४ ॥
बहिर्यद्धन्यते तन्त्री द्रुतं सा कर्तरी मता ।
चतुर्भिर्नखरैर्यत्तु दक्षिणेनैव पाणिना ॥ ४५ ॥
आहतिः क्रियते (य ! या) तु सा ज्ञेया नखकर्तरी ।
कर्तरीसदृशः पाणिर्दृश्यते यत्र दक्षिणः ॥ ४६ ॥
तथा कोणहतिर्वामपाणिना सार्धकर्तरी ।
सातोऽनामिकयावन्तः सव्यमध्यमया बहिः (?) ॥ ४७ ॥
तदासौ रेफनामा स्याद् वीणावादनकर्मणि ।
सारणायाः परित्यागे तर्जन्या यदि हन्यते ॥ ४८ ॥
तन्त्री नामस्समुद्भूतो (?) नाम्ना निष्कोटितस्तदा ।
तर्जन्याद्यं कनिष्ठाद्यं द्विरूपं परिवर्तनम् ॥ ४९ ॥
तयोः पार्श्वेन संस्पर्शाद् भ्रमणारेचिते करे ।
यदा द्रुतं स्वरस्थाने काश्चिकाभ्येति सारिता ॥ ५० ॥
करसामुर्छनाभिख्यो (?) वैणिकैरभिधीयते ।
साङ्गुष्ठाः काचि + + + चतस्रोऽङ्गुलयो यदा ॥ ५१ ॥

कनिष्ठाङ्गुष्ठयोः स्पर्शात् कथितः कुहरः करः ।
अङ्गुष्ठपार्श्वमिलिता कर्तरी च प्रहन्यते ॥ ९२ ॥

कनिष्ठासारणाभ्यां च तदा निर्घोष उच्यते ।
उत्क्षिप्य हन्यते तन्त्री शीघ्रं सारणया यदि ॥ ५३ ॥

दक्षिणे कर्तरीयुक्तस्तदा स्वसितको भवेत् ।
तर्जन्यङ्गुष्ठयोरग्ररागामात्रेण (?) घर्षणम् ॥ ५४ ॥

तन्त्र्या यदा तदा ज्ञेयः शुकवक्त्राभिधः करः ।
तर्जन्या धार्यते नादो घातोऽनामिकया बहिः ॥ ५५ ॥

यदा तदा परिज्ञेयो बिन्दुनाम्ना विचक्षणैः ।
जितेन्द्रियः प्रगल्भश्च स्थिरासनपरिग्रहः ॥ ५६ ॥

शरीरसौष्ठवोपेतः करयोर्विजितश्रमः ।
सुशारीरो भयं त्यक्तो रागरागाङ्गतत्त्ववित् ॥ ५७ ॥

गीतवादनदक्षश्च वैणिकः कथितो वरः ।
वाद्यलावणिकातज्ज्ञैर्निष्कलक्रमयोगतः (?) ॥ ५८ ॥

मन्द्रे मध्ये च तारे च बिन्दुः स्यात् स्थानकत्रये ।
आलावण्यां विधातव्यो मुक्तको मध्यमः करः ॥ ५९ ॥

गमकस्तस्य तर्जन्यां जायते पञ्चमः स्वरः ।
धैवतो मध्यमाङ्गुल्या निषादः स्यात् कनिष्ठया ॥ ६० ॥

ततस्तु मुक्तकः कार्यः स्वरः षड्जाभिधानवान् ।
ऋषभः पञ्चमस्थाने तर्जन्या तदनन्तरम् ॥ ६१ ॥

गान्धारो धैवतस्थाने मध्यमाङ्गुलिको भवेत् ।
अथ दक्षिणहस्तेन सारणामूर्च्छनाक्रमात् ॥ ६२ ॥

गम्यते सप्तकद्वन्द्वमारोहिण्यवरोहिणी ।
स्वराणां नियमाद् रागेष्वङ्गुलीनियमेन हि ॥ ६३ ॥

द्वितुम्बा किन्नरी लघ्वी बृहती तु त्रितुम्बिका ।
कथिता पञ्चतन्त्रीति(च्छ ? श)कनी वाद्यवेदिभिः ॥ ६४ ॥

तत्तद्यन्त्रवशादासां वाद्यभेदस्त्वनेकधा ।
ततं वाद्यमिति प्रोक्तमवनद्धमथोच्यते ॥ ६५ ॥

झेङ्कारं मद्दलीजातं देङ्कारं कवलोद्भवम् ।
प्राहुरेवं विभागेन वाद्यविद्याविशारदाः ॥ ६६ ॥
कवर्गश्च तवर्गश्च टवर्गश्च ढवर्जितः ।
भवेयुः पटहे वर्णा रहाभ्यां सह षोडश ॥ ६७ ॥
वादनाय हुडुक्कायामक्षराणि प्रचक्ष्महे ।
तवर्गश्च टवर्गश्च रहाभ्यां सहितावुभौ ॥ ६८ ॥
कवर्गः पञ्चमन्यूनः प्रोक्तान्येतानि षोडश ।
झेङ्कारस्य हुडुक्कागं सञ्चमुख्यं (?) प्रकीर्तितम् ॥ ६९ ॥
ढक्कावर्णादिकं सर्वं हुडुक्कासममिष्यते ।
वादनाय ततो वाद्यवस्तूनां कथ्यतेऽधुना ॥ ७० ॥
हस्तलक्षणमेतेषां व्यक्तोदाहरणैः सह ।
उत्फुल्लश्चोलकश्चैव पाण्यन्तरनिकुट्टकः ॥ ७१ ॥
दण्डहस्तोऽथ युग्मः स्यात् तोरहस्तस्ततः परम् ।
पिण्डहस्तः स्मृतश्चोर्ध्वहस्त इत्यष्टधा बुधैः ॥ ७२ ॥
अथैतेषां प्रवक्ष्यामि लक्षणं च प्रयोगतः ।
हस्तेभ्यः शब्दनिष्पत्तिर्जायते हि परिस्फुटम् ॥ ७३ ॥
शब्देभ्यः पदनिष्पत्तिः पदेभ्यः पाटसम्भवः ।
पाटेभ्यो जायते वाद्यवस्तुवर्गो यथाक्रमम् ॥ ७४ ॥
ये पताकादयो हस्ता नाट्यशास्त्रे व्यवस्थिताः ।
तेषु केचन कथ्यन्ते हस्तवाद्योपयोगिनः ॥ ७५ ॥
अलपद्माह्वयो हस्तो यदा वाद्ये निवेश्यते ।
लघु पाटे नखाघातादुत्फुल्लोऽसौ तदा भवेत् ॥ ७६ ॥

यथा—कर्ग्रो कग्रोम् ।

॥ उत्फुल्लः ॥

यदा प्रसारिताङ्गुष्ठः शुकतुण्डो विधीयते ।
विरलाङ्गुलिघातेन क्रमेण खलकस्तथा ॥ ७७ ॥

थोङ्किटकिटतकिटाम् ॥

॥ खलकः ॥

---

१. वक्ष्यमाणलक्षणानुरोधेन तु 'उत्फुल्लः खलकश्चैवे'ति पाठः सम्भाव्यते ।

वामेन तस्य हस्तस्य तर्जन्यङ्गुष्ठघातकः ।
परिज्ञेयो बुधैर्हस्तः पाण्यन्तरनिगूहकः ॥ ७८ ॥

यथा —डेङ्किटतङ्किट ढङ्किट तङ्किट त्व ।

॥ पाण्यन्तरनिगूहकः ॥

पताकाकारहस्ताभ्यामुभाभ्यामूर्ध्वताडनात् ।
दण्डहस्ताभिधं हस्तं विदुर्वाद्यविशारदाः ॥ ७९ ॥

यथा — था था था था ।

॥ दण्डहस्तः ॥

विरलाङ्गुलिघातेन पताकाभ्यां यदा भवेत् ।
रेफैरेवोर्ध्वहस्ताभ्यां ताडनाद् युगहस्तकः ॥ ८० ॥

यथा —र र र र् ।

॥ युगहस्तः ॥

ऊर्ध्वपादद्वयं कृत्वा तलपातेन हन्यते ।
पटहस्य पद(द्व)न्द्वं तोरहस्तस्तदा भवेत् (?)॥ ८१ ॥

यथा — देन्दें दोहडें ।

॥ (थो ? तो)रहस्तः ॥

रेफह(स्त ? स्ते) कृते पूर्वमूर्ध्वहस्ते च कल्पिते ।
पिण्डहस्ताभिधो हस्तः कथितो वाद्यवेदिभिः ॥ ८२ ॥

यथा — तरकिट तरकिट झें झें ।

॥ पिण्डहस्तः ॥

प्रहारे तलहस्तेन दक्षिणेन च पाणिना ।
दृढं विरचिते विद्यादूर्ध्वहस्तं विचक्षणः ॥ ८३ ॥

यथा — थर् थर् तुथर् थर् तुथर् तुथर् तुथर् थर् तुथर् तुथर् तुथर् थर् थतु ।

॥ ऊर्ध्वहस्तः ॥

चतुर्भिश्चाष्टमात्राभिः समपाणिर्विधीयते ।

॥ समपाणिपाटः ॥

विरलाङ्गुलिभिर्यत्र चरितैः कीर्तिरित्यपि (?) ॥ ८४ ॥

---

१. 'पाण्यन्तरनिकुट्टक' इति लक्ष्यनिर्देशे पठितम् ।

अभिघातः प्रयुक्तोऽयं पाणिहस्तोऽभिधीयते ।

यथा—किट किट्ट, किट किट्ट, किट्ट किट, किट्ट किट, कट्ट किट, किट किट्ट ।

चतुर्भिश्चाष्टमात्राभिर्युक्तो वा पाणिहस्तकः ॥ ८५ ॥

यथा — किट किट्ट किट किट्ट, किट्ट किर किर किट्ट, किट किट किट्ट, किट्ट किट, किट किट किट किट्ट

॥ पाणिहस्तपाटः ॥

यथा — थों थों थों नाकिपिटतकया समन्वितः ।

एकत्र स्वस्तिकाकारकराभ्यां स्वस्तिको भवेत् ।

यथा—थों धां थोनकिट किटतकि, थोनकिट तकिट थोन किट किट तकि, थोनकिट तकिट तकिट तकिट, थोनकिट थोनकिट, थों धों किटत, थोनकिट, किट किटतकि, थों धों किट, तत्थों धों धों धों किटतकि, थोनकिट, किटतकि, थोनकिट, किटतकि, थोनकिट, किटतकि, थोनकिट ।

यत्र षोडशमात्राभिर्युक्तोऽयं स्वस्तिको भवेत् ॥ ८६ ॥

॥ स्वस्तिकपाटः ॥

अग्राङ्गुलिसमायोगाद् व्यत्यया(त्) करयोरिह ।

गिरकिटझेन्नशब्दैस्ततो गिनकिरादिभिः ॥ ८७ ॥

करटैः संयु(तै ? त)ः पाटैः पाटो विषमपाणिकः ।

यथा — गिरुकिटदनन गिन किर् गिड ् र, गिरुकिट्ट, नगिन, गिरुकिट दनगिनकिट्ट, झेनकिट, गिरुकिट, दनगिन, गिरर्, गिरुकिट, दनझेनकिट, गिरुकिट दनझेनाकिटि, नकिट गिनकिट झेनाकिटकिट्ट ।

॥ विषमपाणिपाटः ॥

धरिकिटैर्गिरिकिटैरेभिः शब्दैस्तदुन्धोकैस्तथा (?) ॥ ८८ ॥

भेदेन हस्तयोरेष पाटोऽवघटसंज्ञकः ।

धरकिट धरकिट तकथो तधिरुकिट, दिकिदिकि धरुकिटकिट धिरु किट किट, किटतकिधरकिट किट, तकिधरकिट, धिरु किट धिरु किट दिरु-किट दिकि दिकि ।

अवघटस्त्वष्टमात्राभिः षोडशैर्वा युतो भवेत् ॥ ८९ ॥

॥ अवघटपाटः ॥

आसज्यते करौ यत्र व्यत्ययात् पुटयोर्द्वयोः ।
नागबन्धः स विज्ञेयः शब्दैर्ननगिडादिभिः ॥ ९० ॥

ननकिट किटतकि, किटतकि, ननगिड ननगिड ननगिड, किटतकि, ननकिट, किटतकि, ननकिट किट, तकिट तकिननकिट, किटतकि ॥

नागबन्धो भवेदष्टमात्राभिः सहितः सदा ।

॥ नागबन्धपाटः ॥

आसज्यते समं यस्मात् करयोरुभयोस्तलौ (?) ॥ ९१ ॥
साङ्गुष्ठाङ्गुलिभिर्हस्तपाटः स स्यात् समग्रहः ।
पाटोऽसावष्टमात्राभिः शब्दैर्दहतनित्यपि ॥ ९२ ॥
पुनस्तकुकुरिकया च संयुतेऽसौ समग्रहः ।

दहतरिरकिर्क्रिरर्, तकुतरि, किरकिट्ट, दहदह तकतक तकररि-किकिट्ट, दहतरि कित्तकित्त, कितट्टि, दह, दह, तर्क, तर्क, तरिकिकिट्टि ।

॥ समग्रहपाटः ॥

॥ हस्तपाटाः ॥

बोल्लावणी(चलावणी)चारुश्रवणिका परम् ॥ ९३ ॥
परिश्रवणिकालग्नौ दण्डहस्तौ हुचावपि ।
समप्रहारसंज्ञश्च ततः कुडुबचारुणा ॥ ९४ ॥
कलचारणापि तद्वत् स्यात् तथान्यापि कुडुल्लिणी (?) ।
भवेद् घनरवश्चैवं वाद्योद्देशः प्रदर्शितः ॥ ९५ ॥
क्रमेण कथयाम्येषामिदानीं लक्षणान्यहम् ।
पाटादौ पाटमध्ये च पाटान्ते टेङ्कृतिर्भवेत् ॥ ९६ ॥
इत्येककरसम्पन्ना प्रोक्ता बोल्लावणी बुधैः ।

यथा — दें दें गितकतकथट्टिका, थंथटिकतथटि, + + + तक दें दें गि देंगि,

॥ बोल्लावणी ॥

थोंतत्ताकिटशब्देन मुद्दलीचालना स्फुटम् ॥ ९७ ॥
बोल्लावणीसमं शेषं सा मतेह चलावणी ।

यथा — थों थों किट, थों थो थो किट थोकिट, तकि थोंतोतोकिट थोंकि थोंकिट तोतो किट, थोकिट, थों थों किट दंतों किटथो ।

॥ चलावणी ॥

ॐकारसहितं हस्तपाटमूलाक्षरैर्युतम् ॥ ९८ ॥
क्रमेण युगपद्वापि वाद्यं हस्तद्वयेन तु ।
युक्ताष्टादशमात्राभिस्तच्चभूभेदेन संयुता ॥ ९९ ॥
चारुश्रवणिका सेयं प्राहुर्वाद्यविशारदाः ।

यथा — ॐधिरिरि दरकिट थर् थर् ।

॥ चारुश्रवणिका ॥

(क)र्तर्यवघटाभ्यां या मिश्रा च समपाणिना ॥ १०० ॥
चतुर्विंशतिमात्राभिः परिश्रवणिका मता ।

यथा — थर्, थर् थर्, रिरि, थद्दिकुदरगिड, दरुगिड, तकडोक इत्यादि-चतुर्विंश(ति)मात्रा ।

॥ परिश्रवणिका ॥

कर्तरीपाणिहस्ताभ्यां कुडुवेनैव वाद्यते ॥ १०१ ॥
उत्सृज्य कुण्डलस्पर्शमलम्भः सम्प्रकीर्तितः ।

यथा — किरर् थरकिर्, किट्टहे कुथकथ टिकु, किटकिकिट, किटकुटकुथटिक, किट्टकिट, तकुथटि, तकतट्टिकु, तततटिकु, तत्तटिकु, थक थटिकु थर् थर्, तुथटकुत्तकुत, कुतकुथ कुत कुथट्टित,

॥ दण्डहस्तः ॥

वामदक्षिणहस्ताभ्यां शब्दैर्विषमपाणिजैः ॥ १०२ ॥
क्रियते यत्र वाद्यशैर्वाद्यं तदुडुचं विदुः ।

यथा — गिरिकिट, ननगिन गिणाकिरर्, किटथटिकिटथटि, तुकिटथाटीकितुकिट गिरुगिड ॐतटि गिरुकिट, ननगिनगिरुकिट, तकुझे ।

उडुचः सम्प्रहारेण वाद्यं समप्रहैर्युतम् ॥ १०३ ॥
मात्रा(पि ? भि): षोडशैर्वापि वाद्यः समप्रहारजः ।

यथा — तथहथ, रिकिथरि थर् थर् तु इत्यादि षोडशमात्रः ।

॥ समप्रहारः ॥

नानापाटाक्षरोद्भूतैः शब्दैः कुडुवताडितैः ॥ १०४ ॥
कुलाभूष्य तु गारुभ्यां स्मृता कुडुवचारुणा ।

यथा — ॐर्व किरर्, थरिगिम, गिरिकिट, तकिनन, गिमगिम इत्यादिः ।

केवलैर्हस्तपाटानां नादानां च चतुश्शतु (?) ॥ १०५ ॥
मात्राभिश्च कृता शेषा स्मर्यते कलचारणा ।
थर् थर् थर् थर्, रिरिर् थरीररी इत्यादिः ॥ १०६ ॥
कालकाख्येन हस्तेन कुकारप्रचुरेण यत् ।
मात्राभिः षोडशैर्वापि द्वात्रिंशद्भिः सुकुम्भिनी ॥ १०७ ॥
द्विविधा सा च विज्ञेया शुद्धा मिश्रेति सूरिभिः ।
शुद्धा षोडशमात्राभिरन्याभिरितरा युता ॥ १०८ ॥

यथा — कुकुन्त कुन्त कुकुन्त, कुन्त कुकुकुकु इत्यादिः ।

अच्छिन्नपाटः पा(टि ? णि)भ्यां मात्राभिः षोडशैः क्रमात् ।
उक्तो घनर(वे ? वो) ज्ञेयो वाद्यविद्याविशारदैः ॥ १०९ ॥

यथा — तकतो हों, तोंकिटतकिथोहोंतो, किटतकि, थोहोंतो, दरगिड इति षोडशमात्रा । घनरवः ॥

इति द्वादश वाद्यानि पटहे कथितानि च ।
तकारश्च धिकारश्च थोङ्कारष्टेंकृतिस्तथा ॥ ११० ॥
झेङ्कारश्च नदेंकारः पाटवर्णा मृदङ्गजाः ।
मसृणे वादने प्रौढा गीतवाद्यविशार(दा ? दै): ॥ १११ ॥
वाद्यानुयानिनः सम्यक् प्रोक्ता माद्दलिका वराः ।
सरलश्चौपटश्चैव किरिविलश्च घणायिलः(?) ॥ ११२ ॥
गतिस्थश्चेति पञ्चैव मृदङ्गे वादकोत्तमाः ।
यो वादयति मधुरं कोमलं प्राञ्जलम् ऋजुः ॥ ११३ ॥
तमाहुर्भरताभिज्ञाः सरलं विरलं जनम् ।
विनावयवहीनत्वाच्छब्दे‌ऽल्पे अल्पवादकः ॥ ११४ ॥
विबन्धगतिसुव्यक्तः सुवाहे किरिविलपटुः(?) ।
विषमं प्राञ्जलं चैव गुन्धागुन्धि समायुतम् ॥ ११५ ॥
वादयेद्घणादीनां कुशलश्चौपटः स्मृतः ।
सरलघणायिलचौपटाकिरिविलघटितानि शब्दवृन्दानि ।
मसृणानि सन्निवेशैर्निरवधिकं वादयेद् गतिस्थः सः ॥ ११६ ॥

वाद्ये निबद्धशब्दानां करलीभेदनं विना ॥ ११७ ॥
यो वादयति निरतः कथ्यतेऽसौ घणाथि(ला ? लः) ।
अङ्गं चैवाश्रयाङ्गं च द्विविधं गीतवादनम् ॥ ११८ ॥
अङ्गं तत् पञ्चधा ज्ञेयमाश्रयाङ्गं च पञ्चधा ।
तालधातुपदावृत्तिगतिरा(गा ? गै)श्च पञ्चधा ॥ ११९ ॥
शुद्धमिश्रविभेदेन गीताङ्गं वाद्यते बुधैः ।
जतिर्दुवकुमेशब्दः काकुः पहरणाभिधः ॥ १२० ॥
इति पञ्चविधं प्राहुराश्रयाङ्गं विचक्षणाः ।
करटाः पाटवर्णाः स्युः करटेति पुनः पुनः ॥ १२१ ॥

॥ अवनद्धम् ॥

सुसक्षौ(?) सुस्वरौ तालौ तज्ज्ञैः शक्तिशिवौ स्मृतौ ।
आकारादेशवशतो बिन्दुनादसमुद्भवौ ॥ १२२ ॥
लघुगुर्वादिभिर्मानैर्वादयेद् बहुभङ्गिभिः ।
वर्णा झेनागिटास्तज्ज्ञैः कथिताः कांस्यतालयोः ॥ १२३ ॥
मनोहराश्च सूक्ष्माश्च सुस्वराः क्षुद्रघण्टिकाः ।
तास्तु घर्घरिका लोके प्रसिद्धा रज्जुसंयुताः ॥ १२४ ॥
घनवाद्यमिति प्रोक्तं सुषिरं वाद्यमुच्यते ।

॥ सुघनं वाद्यम् ॥

अयश्च विजयो नन्दो महानन्दो यथाक्रमम् ॥ १२५ ॥
वंशाश्चतुर्दशद्वादशैकादशदशाङ्गुलाः ।
द्विकत्रिकचतुष्कास्तु ज्ञेया वंशगताः स्वराः ॥ १२६ ॥
कम्पमानार्धमुक्ता च (?) व्यक्तमुक्ताङ्गुलीवहाः ।
अङ्गुलीचारणाः सम्यग् गमकेषु च सप्तसु ॥ १२७ ॥
ताम्रेण कलधौतेन कर्तव्या कनकेन वा (?) ।
धुर्धूरकुसुमाकारवसना सुषिरान्तरा ॥ १२८ ॥
(अ ? ह)स्तत्रयकृतायामा हाहावर्णा च काहला ।
विरुदान्यपि वाद्यन्ते वीराणां पुरतस्तया ॥ १२९ ॥

॥ इति चतुर्विधवाद्यानि ॥

यत्यादीनां प्रबन्धानामधुना लक्ष्म कथ्यते ।
यतिरोतोऽप्यवच्छेदो जोडणी चण्डणी पदम् ॥ १३० ॥
समहस्तोऽपि पैसारस्तुडुकुस्तु तथा परः ।
ओत्वरोऽपि चै देङ्कारबलणा(?) मदकस्तथा ॥ १३१ ॥
मलपाङ्कं पहरणा चान्तरी च दुवक्कारः ।
जवणिका पुष्पाञ्जलिरिघवणी(?) च निगद्यते ॥ १३२ ॥
प्रबन्धा विंशतिः प्रोक्ता वाद्यविद्याविशारदैः ।
क्रमेण तेषां लक्ष्मैतदिदानीं प्रतिपाद्यते ॥ १३३ ॥
तालच्छन्दोवगत्यर्थविरामो यः श्रुतिप्रियः ।
वाद्यते वाद्यहीनं सा यतिरित्यभिधीयते ॥ १३४ ॥

॥ (ज ? य)तिः ॥

तालः शतसमैर्वर्णैः क्रियते पाटसम्भवैः ।
ओताल्योऽसौ प्रबन्धः स्यात् केदार इति चोच्यते ॥ १३५ ॥

॥ ओ(ता ? तः) ॥

इच्छया कलसदेङ्कारैर्मध्यमैर्व्यापकाक्षरैः ।
(बि ! द्वि)रुद्ग्राहो भवेद् यत्तु सविलम्बलयं च यः ॥ १३६ ॥
ओतानां कर्मयन्त्यन्ते देङ्कार इति मृत्तिकम् (?) ।
एषा दो(ण्ठ)वणीनाम्ना केचित् + प्यधीयते ॥ १३७ ॥

॥ (ओ ? दो)ण्ठवणी ॥

उद्ग्राहयुगलं यत्र वारमेकं ध्रुवस्तथा ।
उद्ग्राहेण पुनर्मोक्षादवच्छेदोऽभिधीयते ॥ १३८ ॥

॥ अवच्छेदः ॥

वदन्ति केचिदस्यैव कम्पितेत्यभिधां पुनः (कम्पिते ?) ।
पाटानां पृथगुक्तानां यत्रैकत्र विमिश्रणम् ॥ १३९ ॥
जोडणी सम्परिज्ञेया संज्ञया वाद्यवेदिभिः ।

॥ जोडणी ॥

---

१. 'पैसार' इति लक्ष्मे दृश्यते । २ 'च मेङ्कारो देङ्कारो बाढम' इति लक्षणानुसारेण पाठ्यम् ।

वाद्यं विमुच्यते येन चण्डणः स निगद्यते ॥ १४० ॥

॥ चण्डणी ॥

गीतानुगस्य वाद्यस्य चण्डणः स चतुर्विधः ।
मुक्तामुक्तिस्तु तत् प्रोक्ता मो(ड ? डा)मोडिस्तथैव च ॥ १४१ ॥
अर्धस्थितिस्ततस्तस्मात् स्वरपूर्वश्च चण्डणः ।
स्तोकस्तोकेन कार्यं (स्याद्) वादनं लघुपाणिना ॥ १४२ ॥
गीतावसाने न्यासः स्यात् मुक्तामुक्तीति नामतः ।
गीतमानाधिकं वाद्यं गीतमानेन चण्डणम् ॥ १४३ ॥
मोडामोडीति विज्ञेया न्यासो वाद्यविशारदैः ।
मानेन गायको गायन् यत्र मानं विमुञ्चति ॥ १४४ ॥
वादकेन कृतो न्यासस्तदर्धस्थितिरीरितः ।
गीतं वाद्यं च युगपन्न्यस्यते यदि मानतः ॥ १४५ ॥
शुभावगतिसंयुक्तो विज्ञेयः स्वरचण्डणः ।
प्रथमं वादयित्वा तु यतिः पादेन मुच्यते ॥ १४६ ॥
मध्ये वाद्यप्रबन्धस्य पदं तत् परिकीर्तितम् ।

॥ पदम् ॥

तकारः प्रचुरं दोर्भ्यां यथौचित्येन मानतः ॥ १४७ ॥
वाद्यते यत् त्रिधाकृत्वा समहस्तः स्मृतो बुधैः ।

॥ समहस्तः ॥

यत्रातोद्यपि वाद्यन्ते समभागानि निजैर्निजैः(?) ॥ १४८ ॥
पादैश्च समुदायैश्च पैसार इति कथ्यते ।

॥ पैसारः ॥

उद्घट्टकाओगेष्वेकदेशस्य वादनम् ॥ १४९ ॥
हस्तलाघवतो यत्र स्यात् तुडुका सा निगद्यते ।

॥ तुडुका ॥

ईषद्विलम्बमानेन गम्भीरमधुरं यथा ॥ १५० ॥
मृदङ्गवादनं मृदुदोस्वरं स्वकुमात्रकम् ।

॥ ओत्करम् ॥

आदौ झेंकारमुल्लासं विधायाच (?) समन्वितम् ॥ १५१ ॥

अथवाच(?) विहीनं च द्विधा झेंङ्कार उच्यते ।

॥ झेङ्कारः ॥

स्तोकस्तोकस्य शब्दस्य योऽवसाने स देङ्कृतिः ॥ १५२ ॥

सयावनियमेनापि देङ्कारो वाद्यते बुधैः ।

॥ देङ्कारः ॥

यत्रोद्ग्राहः सकृद् द्विर्वा ध्रुवको विविधस्तथा ॥ १५३ ॥

स्यादेव तद् द्विर्देंकारव्यापकाक्षरसङ्गतम् ।

निरन्तरयतिप्रायं मलपं कथयन्ति तत् ॥ १५४ ॥

॥ मलपः ॥

वादयितुं मलपाङ्गं कथाङ्गं वाद्यते पुनः ।

नतो(?) मलपवाद्यं यन्मलपाङ्गं तदुच्यते ॥ १५५ ॥

॥ मलपाङ्गम् ॥

येनकेनापि वादेन मात्रा द्वादश षोडश ।

वादयेत् पल्लवद्वन्द्वं सोऽयं पहरणाभिधः ॥ १५६ ॥

॥ पहरणम् ॥

आरब्धं सानुसारेण यच्छन्दो गीतवाद्ययोः ।

निबद्धमन्तरा वाद्यं क्रियते सान्तरा स्मृता ॥ १५७ ॥

॥ अन्तरी ॥

यतिरेवाक्षरद्वन्द्वा वाद्यते स दुवक्कुरः ।

॥ दुवकरी ॥

स्थिरमानेन सोल्लासं चतुर्मा(त्रा ? त्रां) च देङ्कृ(तिः ? तिम्) ॥

वारद्वयं वादयित्वा ततः कुर्याच्च जोडणम् ।

ततो मात्राष्टकच्छेदो मङ्गलाशब्दवादने ॥ १५९ ॥

पुनर्मात्राष्टकं शब्दं करटायाश्च वादने ।

त्रिरावृत्त्या वादितस्य शब्दः स्यात् सावसानतः ॥ १६० ॥

समा यवनिकापाताच्छब्दो यवनिका(न्व ? ह)यः ।

॥ जवनिका ॥

आदौ स्यादष्टमात्रो वाथवा द्वादशमात्रिकम् ॥ १६१ ॥
अन्तरीद्वितये चैव प्रत्येकं चाष्टमात्रिकम् ।
चतुर्मात्रं चाष्टमात्रं तकारे वादनं भवेत् ॥ १६२ ॥
मृदङ्गदेशीपटहकरटामड्डलेषु च ।
वेवर्तमानुगं वाद्यपरिवृत्तिर्मृदङ्गजा ॥ १६३ ॥
द्विवार परिवृत्य स्यादन्तरीद्वयशब्दयोः ।
तकारादौ चतुर्मात्रे द्विवारं परिवर्तनम् ॥ १६४ ॥
एकवारं त्वष्टमात्रे वार्दाथत्वा सदेङ्कृति(:?) ।
शब्दः पुष्पाञ्जलौ युक्तो हुडुक्का करटान्तरी ॥ १६५ ॥
इतरे चान्तरी शब्दा नैव ताः सम्मता मम ।
अनेकवाद्यमिलनं पैसारादिषु दृश्यते ॥ १६६ ॥
पुष्पाञ्जलिरयं शब्दः किञ्चिद् भेदवशादिह ।

॥ पुष्पाञ्जलिः ॥

सैव प्रोक्ता किञ्चवणी(?) वाद्यविद्याविशारदैः ॥ १६७ ॥
पुनः पुनर्यतिर्वाद्ये खण्डशो यत्र वाद्यते ।
स खण्डयतिराख्या(तो ? ता) पद्मावाद्यन्तराश्रयात् (?) ॥ १६८ ॥
हुडुक्का च मृदङ्गश्च करटा काहलास्तथा ।
कांस्यतालश्च (पञ्चै)ते गुणलोप्रतिनिर्मिताः ॥ १६९ ॥
अनिबद्धं निबद्धं च वाद्यजं द्विविधं मतम् ।
नियमादप्यनियमादनिबद्धं द्विधा भवेत् ॥ १७० ॥
जोडणी च प्रबन्धश्च निबद्धमपि तद् द्विधा ।
अनुजाथियुतः शब्दो वाद्यते यः पुनः पुनः ॥ १७१ ॥
येनकेनापि तालेन सोऽयं नियमशब्दकः ।
श्रुतौ घनध्वनेर्वाद्यशब्दन्यासस्तु यो भवेत् ॥ १७२ ॥
तज्ज्ञैः स ठवणेत्युक्ता प्रयोगा वलयान्विता(?) ।
शब्दानन्दनकश्रुत्या ठवणा म(ठठ ? ट्ठ)सम्भवा ॥ १७३ ॥
म(ठठ ? ट्ठ)ताले प्रयोक्तव्या गीतेन त्रिलयैस्तथा ।
मुकुन्दानन्दनश्रुत्या(ठ)वणा गालकीभवा ॥ १७४ ॥

गारुका विषमेणैव संयोज्या त्रिकयैरपि ।
ईश्वरानन्दनश्रुत्या झम्पातालसमुद्भवा ॥ १७५ ॥
ठवणास्मिन् भवेत् तालत्रितयैः सा समग्रहा ।
भास्करानन्दनश्रुत्या क्रीडाता(ले ? क) समुद्भवा ॥ १७६ ॥
ठवणास्मिन् मयोक्तव्या(ती? गी) तेनैव त्रिभिर्लयैः ।
शशाङ्कानन्दनश्रुत्या एकतालसमुद्भवा ॥ १७७ ॥
ठवणा चैकताले तु मयोक्तव्या त्रिभिर्लयैः ।
आहत्यालोकने योज्या ठवणा सानुसारिभिः ॥ १७८ ॥
विविधैर्यातिशब्दैश्च वाद्यविद्याविशारदैः ।
निय(म ? मा)द्धवणास्त्यक्त्वा सतालमनुयायिभिः ॥ १७९ ॥
वर्तते चेदनियमान्निबन्धं तत् प्रकीर्तितम् ।
क्रमेण व्युत्क्रमेणार्धतदर्धादर्धभेदतः ॥ १८० ॥
चतुरश्रादितालेन वाद्यते जोवणो स्फुटम् ।
उत्तुपकाख्यठवण्यां विद्यते जोवणीक्रिया ॥ १८१ ॥
मात्राणामसमर्थेन नैव सा जोडणी मता ।
उद्ग्र(हा)यान्वितं वाद्यं प्रबन्धाख्यं प्रबन्धवत् ॥ १८२ ॥
तालवाद्यं चन्द्रकलापटहादिसमाश्रयम् ॥ १८२[3] ॥

इति सङ्गीताकरनामधेयश्रीपार्श्वदेवविरचिते सङ्गीत-
समयसारे पञ्चममधिकरणम् ॥

अथ षष्ठमधिकरणम् ।

नृत्तमुक्तं पुरानेकशास्त्रैर्यद् बहुविस्तरैः ।
संक्षिप्य तान्यतिव्यक्तं नृत्तसारं निरूप्यते ॥ १ ॥
नृत्तं स्याद् गात्रविक्षेपोऽवस्थानुकृतिलक्षणः ।
तालभावलयायत्तो वागङ्गाहार्यसत्त्वजः ॥ २ ॥
नाट्यस्याभिनयांस्तत्र वाचिकाहार्यसात्त्विकान् ।
त्यक्त्वा नृत्तादियोग्यं तं वक्ष्ये त्रिविधमाङ्गिकम् ॥ ३ ॥
णीञ्धातुरभिपूर्वो यत् स्वेष्टार्थप्रतिपादकः ।
तत्प्रयोगानभीष्टार्थान् नयतीत्यभिनयः स्मृतः ॥ ४ ॥

नृत्तं शाखाङ्कुरं चेति त्रिधासौ + करादिभिः ।
नृत्तं स्यादाङ्गिकं कर्म शाखापाङ्गजमङ्कुरम् (?) ॥ ५ ॥
शिरो वक्षः करः पार्श्वः कटिश्चरण इत्यपि ।
अङ्गान्येतानि नृत्तज्ञैः षडेव कथितानि हि ॥ ६ ॥
तत्र त्रयोदशविधं शिरो वक्षस्तु पञ्चधा ।
हस्तभेदाश्चतुष्षष्टिर्हस्तचारा त्रिधा मता ॥ ७ ॥
चतुर्धा हस्तकरणं हस्तकर्माणि विंशतिः ।
पा(र्श्वे ? र्श्वं) तु पञ्चधा तद्वत् कटिः पादस्तु षड्विधः ॥ ८ ॥
उपाङ्गानि भ्रुवौ नेत्रे नासागण्डस्थला(धराः) ।
चिबुकं चेति षट् प्राहुर्नृत्तविद्याविशारदाः ॥ ९ ॥
भ्रूकर्म सप्तधा तत्र षट्त्रिंशद् दृष्टयः स्मृताः ।
तारा नवविधा तद्वत् पुटकर्म समीरितम् ॥ १० ॥
भवन्ति दर्शनान्यष्टौ नासागण्डस्थलाधराः ।
प्रत्येकं षड्विधा ज्ञेयाश्चि(न्दु ? बु)कं सप्तधा मतम् ॥ ११ ॥
प्रत्यङ्गानि पुनर्ग्रीवा बाहू पृष्ठं तथोदरम् ।
ऊरू जङ्घायुगं चेति षडुक्तानि मनीषिभिः ॥ १२ ॥
ततो ग्रीवा नवविधा बाहवो दश पञ्च च ।
पृष्ठं त्रिधोदरं पञ्च ऊरूजङ्घे च पञ्चधा ॥ १३ ॥
स्थानानि नवधा चार्यो द्वात्रिंशन्मण्डलानि तु ।
विंशती रेचकाश्चैव चत्वारः करणानि तु ॥ १४ ॥
शतमष्टोत्तरं त्वङ्गहारा द्वात्रिंशदीरिताः ।
ना(न्ये ? ट्ये) नृत्ये च नृत्ते च नियुद्धे च यथोचितम् ॥ १५ ॥
इत्यङ्गाभिनयाः सर्वे प्रयोज्यास्तु विचक्षणैः ।
अङ्गविक्षेपमात्रं च यत् तालल्यसंश्रयम् ॥ १६ ॥
नृत्यं देशाश्रयत्वेन बहुधा तत् प्रकीर्तितम् ।
शिरांसि नव वक्षांसि चत्वारि कथितानि च ॥ १७ ॥
चतुष्षष्टिः कराः प्रोक्ताः पा(र्थं ? र्श्वं) तच्च चतुर्विधम् ।
कटिः पञ्चविधा तद्वत् पादः पञ्चविधः स्मृतः ॥ १८ ॥
आकम्पितं कम्पितं च धुतमाधूतमेव च ।
अवधूतं चाञ्चितं च निहञ्चितमथापरम् ॥ १९ ॥

उत्क्षिप्ताधोगतं चेति शिरांस्याहुर्मनीषिणः ।
सकृदूर्ध्वाधोनयनाच्छनैराकम्पितम् ऋजु ॥ २० ॥
पृच्छासंज्ञास्वभावोक्तिनिर्देशावहनादिषु ।
द्रुतं तदेव बहुशः कृतं स्यात् कम्पितं शिरः ॥ २१ ॥
वितर्करोषविज्ञानप्रतिज्ञातर्जनादिषु ।
धुतं शिरः शनैस्तिर्यक् शिरसो रेचनं सकृत् ॥ २२ ॥
पार्श्वावलोकने खेदे निषेधे विस्मयादिषु ।
सकृत् तिर्यक् समुत्क्षिप्तमाधूतं मस्तकं मतम् ॥ २३ ॥
पार्श्वस्थितोर्ध्वसंप्रेक्षणात्मसम्भावनादिषु ।[1]
एकदाधोग(सं ? तिं) प्राप्तमवधूतं विचिन्तने ॥ २४ ॥
अधस्तिर्यग्बिलस्थादिप्रेक्ष्यातादिषु (?) लक्ष्यते ।
अचिन्तं ग्रीवमुत्क्षिप्तं (?) बाहुर्शीर्षे निहञ्चितम् ॥ २५ ॥
गर्वे स्तम्भे च कान्तानां नानाशृङ्गारवृत्तिषु ।
सम्यगुन्मुखमुत्क्षिप्तमूर्ध्वसम्प्रेक्षणादिषु ॥ २६ ॥
अधोगतमधोवक्त्रं लज्जाधःप्रेक्षणादिषु ।

॥ इति शिरांसि नव ॥

सममुद्वाहितं चैव निर्भुग्नं[2] च प्रकम्पितम् ॥ २७ ॥
वक्षश्चतुर्विधं प्रोक्तं नाट्यविद्याविशारदैः ।
समलैरङ्गविन्यासैः(?) समैः सौष्ठवसंयुतैः ॥ २८ ॥
स्वभावावस्थितं वक्षः समनाम्ना प्रकीर्तितम् ।
उद्वाहितं स्यादुद्गतं जृम्भ(मा ?)णोच्छ्वसनादिषु ॥ २९ ॥
प्रोन्नतं प्रोन्नताङ्गं च निर्भुग्नं गर्वितादिषु ।
निरन्तरोर्ध्वविक्षेपैः प्रकम्पं हसितादिषु ॥ ३० ॥

॥ वक्षांसि चत्वारि ॥

ज्येष्ठाङ्गुष्ठाभिधानाद्या तर्जनी स्यात् प्रदेशिनी ।
मध्यमा मध्यमा तुर्यानामिकान्त्या कनीयसी ॥ ३१ ॥
मणिबन्धाह्वयः पाणिमूलं कूर्परमुच्यते ।
बाहुमध्यं तयोर्मध्यं प्रकोष्ठोऽसो भुजाशिरः ॥ ३२ ॥

---

१. 'प्रेक्षणादिषु' इति स्यात् । २. 'निर्भुग्नमि'ति लक्षणे पठ्यते ।

अंसकूर्परयोर्मध्यं प्रकाण्डं पण्डिता विदुः ।
अवतानम(थो? धो)वक्त्रं तलमुत्तानमसलम् (?) ॥ ३३ ॥
अञ्चितं स्यात् प्रसारितं कुञ्चितं तूपसंहृतम् ।
आविद्धमन्तस्सम्भ्रान्तमपविद्धो विपर्ययात् ॥ ३४ ॥

॥ इति परिभाषा ॥

पताकस्त्रिपताकश्च कर्तरी चतुरस्तथा ।
हंसपक्षोऽर्धचन्द्रश्च सर्पास्यो मृगशीर्ष(कः) ॥ ३५ ॥
अरालः शुकतुण्डश्च सन्दंशो भ्रमरः करः ।
पद्मकोशस्तूर्णनाभोऽलपद्मो मुकुलः करः ॥ ३६ ॥
हंसास्यहस्तः कांशूलः स्यान्मुष्टिः शिखरः करः ।
कपित्थः कटकास्यश्च सूच्यास्यस्ताम्रचूडकः ॥ ३७ ॥
चतुर्विंशतिरित्येवमसंयुतकरा युतः ।
प्रत्येकं नाट्यलोके च वर्ततेऽभिनयाश्रयः ॥ ३८ ॥
आद्याख्या कुञ्चिता किञ्चित् तर्जन्याद्याः प्रसारिताः ।
पताकः पातसंक्षोभवारणे वादनादिषु ॥ ३९ ॥
पताकेऽनामिका वक्रा त्रिपताकोऽश्रुमार्जने ।
ललाटरचनाद्रव्यस्पर्शनाचमनादिषु ॥ ४० ॥
यद्यत्र तर्जनी मध्यापरभागावलोकिनी ।
कर्तर्या(द्यो ? ख्यो) वितर्के स्याद् दंष्ट्रयोर्दर्शनादिषु ॥ ४१ ॥
पताकेऽनामिकामूलस्थाग्रोऽङ्गुष्ठः कनीयसी ।
पृष्ठभागाच्चतुरस्त्व[1]स्पनोक्तौ नयनादिषु(?) ॥ ४२ ॥
हंसपक्षः पताके चेत् पृष्ठगा स्यात् कनीयसी ।
भोजने स्पर्शने लेपे दूरसन्देशनादिषु ॥ ४३ ॥
आद्यापसृत्य वक्राद्याश्चापवत् कुञ्चिता युताः (?) ।
स उक्त(अ ? स्त्व)र्धचन्द्राख्यश्चन्द्रलेखादिदर्शने ॥ ४४ ॥
यद्यर्धेन्दौ युताः सर्वा अङ्गुल्यः सर्पशीर्षकः ।
भुजङ्गमगतौ तोयसेचनालालनादिषु ॥ ४५ ॥
ज्येष्ठाकनिष्ठे प्रोत्क्षिप्ते यद्यस्मिन् मृगशीर्षकः ।
स्वोल्लासनाक्षविक्षेपस्वेदापनयनादिषु ॥ ४६ ॥

१ 'पृष्ठगा चतुरस्तु' इति स्यात्।

सर्पास्ये तर्जनी वक्रा यद्यरालो हितोक्तिषु ।
(स्या ? स्या)दाशीर्वादने धैर्यवीर्यसङ्कीर्तनादिषु ॥ ४७ ॥
चेद् वक्रानामिकाराले शुकतुण्डो विसर्जने ।
न त्वं नाहं न कर्तव्यं धिगित्यादिषु लक्ष्यते ॥ ४८ ॥
सन्दंशस्तर्जनीज्येष्ठायोगोऽरालकरे यदि ।
ध्याने पुष्पापचाये च स्तोके निष्पीडनादिषु ॥ ४९ ॥
सन्दंशस्त्रिप्रकारः स्यात् पार्श्वजो मुखजोऽग्रजः ।
इत्यनेकप्रयोगेषु दिगम्ब(र)मतोदितः ॥ ५० ॥
मध्यमाद्याग्रयोगश्चेदराले भ्रमरः करः ।
कर्णपूरा यदाब्जादिग्रहादौ(?) चित्रकर्मणि ॥ ५१ ॥
ऊर्ध्वास्याः कुञ्चिताः सर्वा अङ्गुल्यो विरला यदि ।
पद्मकोशः कपित्थश्रीस्तनोत्फुल्लाम्बुजादिषु ॥ ५२ ॥
पद्मकोशे कराङ्गुल्यो वक्राश्चेदूर्णनाभकः ।
कुष्ठरोगिणि शार्दूले शिरःकण्डूयनादिषु ॥ ५३ ॥
आव(र्तनो ? र्तिन्यो)ऽन्तरङ्गुल्यः पद्मकोशे भवन्ति चेत् ।
अलपद्मस्तु शून्योक्तौ शून्या + + + कीर्तने ॥ ५४ ॥
पद्मकोशे युताग्राश्चेदङ्गुल्यो मुकुलः करः ।
पूजाभोजनसङ्कोचपद्मादिमुकुलादिषु ॥ ५५ ॥
हंसास्यो मुकुलान्त्ये चेदङ्गुल्यौ सम्प्रसारिते ।
तप्तमाषग्रहासारनिग्धसम्मर्दनादिषु (?) ॥ ५६ ॥
चुल्लीचिलाकं(?) ज्येष्ठादित्रयमन्त्या प्रसारिता ।
कांशूलोऽनामिका वक्रा स्तोके बालास्तनादिषु ॥ ५७ ॥
तर्जन्याद्यास्तलस्थाग्रा उपर्यङ्गुष्ठपीडिताः ।
यदि मुष्टिः प्रहारासिग्रहनिष्पीडनादिषु ॥ ५८ ॥
ऊर्ध्वे प्रसारितोऽङ्गुष्ठो मुष्टौ चेच्छिखरः करः ।
स्यादधररञ्जनादौ धनुर्दण्डग्रहादिषु ॥ ५९ ॥

---

१. कर्णपूरोत्पलाब्जादिग्रहादौ' इति स्यात् । २. 'त्रेताग्निसंस्थिता मध्यातर्जन्य. ङ्गुष्ठका यदा' इति नाट्यशास्त्रम् ।

तर्जन्युत्क्षिप्य वक्रा चेच्छिखरेऽङ्गु पीडिता।
कपित्थः स्मरणे चक्रगूहे निष्पीडनादिषु ॥ ६० ॥
कपित्थेऽ(न्ते ? न्त्ये) समुत्क्षिप्य वक्रे चेत् कटकामुखः ।
प्रग्रहाकर्षणादर्शधारणादिषु लभ्यते ॥ ६१ ॥
सूच्यास्यः कटका(स्यो ? स्ये) स्यात् तर्जनी चेत् प्रसारिता ।
साधुवादे प्रदर्शने प्रयोज्यस्तर्जनादिषु ॥ ६२ ॥
भ्रम(र ? रेऽ)न्त्ये तलस्थाग्रे स्यातां चेत् ताम्रचूडकः ।
स शीघ्रतालपातादौ बुधै(र्य ? र्ह)स्तः प्रयुज्यते ॥ ६३ ॥

॥ इति (अ)संयुक्तहस्ताश्चतुर्विंशतिः ॥

हस्तोऽञ्जलिः कपोतश्च कर्कटो वर्धमानकः ।
कटकावर्धमानश्च स्वस्तिको गजदन्तकः ॥ ६४ ॥
दोलोऽवहित्थश्चोत्सङ्गो निषधः पुष्पपुटः करः ।
मकरश्चेति संयुक्ता हस्तास्ते च त्रयोदश ॥ ६५ ॥
पैताकस्वलयोः(?) श्लेषादञ्जलिः क्षालनादिषु ।
महेशगुरुपूज्यानामयं स्यादभिवादने ॥ ६६ ॥
सर्पशीर्षद्वयश्लेषात् कपोतोऽङ्गुलिघर्षणे ।
प्रणामाभयशीतार्तै गुरुसम्भावनादिषु ॥ ६७ ॥
पद्मकोशयुगाङ्गुल्य(अ ? स्त्व)न्योन्यान्तरनिर्गताः ।
चेत् कर्कटोऽङ्गस(र्वेद्लह ? म्मर्दगल)शङ्खग्रहादिषु ॥ ६८ ॥
वर्धमानः कपित्थेन वेष्टितो मुकुलो यदि ।
सर्वसङ्ग्रह(सं)क्षिप्तसत्यवाक्यादिषु स्मृतः ॥ ६९ ॥
कटके न्यस्तकटकः कटकावर्धमानकः ।
कुन्ताद्यायुधसंग्राहकाहलावादनादिषु ॥ ७० ॥
युतमणिबन्धोत्तानारालावन्योन्यपार्श्वगौ ।
स्वस्तिकः सर्वसंकीर्णबन्धनानयनादिषु ॥ ७१ ॥
पुरः प्रसारितौ किञ्चिदुत्तानौ सर्पशीर्षकौ ।
गजदन्तः शिलावत्स(मु ? गु)रुभारग्रहादिषु ॥ ७२ ॥

---

१. 'पताकहस्तयोः' इति, 'पताकतलयोः' इति वा स्यात् ।

दोलाहस्तः पताकौ द्वौ प्रलम्बितभुजौ यदि ।
विषादसम्भ्रमाभ्याधिलीलामूर्छामदादिषु ॥ ७३ ॥
अवहि(त्यः ? त्थः) शुकतुण्डौ (द्वौ ?) वक्षसोऽभिमुखौ युतौ ।
शनैरधोमुखाविद्धौ दौर्बल्यात् खण्डितादिषु ॥ ७४ ॥
पैराङ्मुखावरा + +मूर्ध्वास्यौ सङ्गतौ यदि ।
उत्सङ्गः स्यात् (प्रियात् ?) प्रियाश्लेषकन्दुकादिनिवारणे ॥ ७५ ॥
निषधो दक्षिणो मुष्टिर्वामकूर्परमध्यगः ।
प्रकाण्डो दक्षिणो वा + च्छूतौ गर्वादिदर्शने ॥ ७६ ॥
कनिष्ठापार्श्वसंश्लिष्टा(द्व ? वु)तलौ सर्पशीर्षकौ ।
पुष्पपुटः पुष्पाञ्जलिजलदानादिकर्मसु ॥ ७७ ॥
मणिबन्धे युतावुत्तानावतानौ पताककौ ।
मकरः सिंहशार्दूलमकराभिनयादिषु ॥ ७८ ॥

॥ इति संयुतहस्तास्त्रयोदश ॥

चतुरश्रावुद्वृत्तौ च करौ स्वस्तिक(वि ? ब)द्ध युतौ ।
सूचीमुखौ तलास्यौ च रेचितावर्धरेचितौ ॥ ७९ ॥
आविद्धवक्रौ पल्लवावरालकटकामुखौ ।
नितम्बौ केशबन्धौ च हस्तावुत्तानवञ्चितौ ॥ ८० ॥
लताख्यौ करिहस्तौ च पक्षवञ्चितकौ करौ ।
पक्षप्रद्योतकौ दण्डपक्षौ गरुडपक्षकौ ॥ ८१ ॥
मुष्टिकस्वस्तिकादूर्ध्वपार्श्वमण्डित(कौ) करौ ।
उरोमण्डलिनौ हस्तावुरःपार्श्वार्धमण्डलौ ॥ ८२ ॥
नलिनीपद्मकोशाख्यावुल्बणौ ललितौ करौ ।
वलिताविति हस्ताः स्युर्नृत्यगाः सप्तविंशतिः ॥ ८३ ॥
कटकास्यावभिमुखौ सूचीमुखकरौ वरौ ।
चतुरश्रकरौ हंसपक्षावन्योन्यसम्मुखौ ॥ ८४ ॥
तिर्यग् वक्षःस्थलस्थौ तु करौ तलमुखौ मतौ ।
प्रसारितोत्तानतलौ द्रुत द्रुमौ + रेचितौ ॥ ८५ ॥
चतुरश्र + + + चेदत्रैकस्त्वर्धरेचितौ ।
प्रकाण्डकुटिलाविद्धौ करावाविद्धवक्रकौ ॥ ८६ ॥

१. 'मूर्च्छाधि' इति पाठः स्यात् । २. 'पराङ्मुखावरालौ द्वावूर्ध्वास्यौ' इति स्यात् ।

मणिबन्धनमुक्तौ द्वौ पताकौ पल्लवौ स्मृतौ ।
अरालकटकौ हस्तावरालकटकामुखौ ॥ ८७ ॥
नितम्बौ पार्श्वयो रुद्धौ बाहुशीर्षा(द्) विनिर्गतौ ।
केशदेशाद् विनिष्क्रान्तौ पार्श्वद्वयसमुद्गतौ ॥ ८८ ॥
केशबन्धौ करौ प्रोक्तौ तौ दिगम्बरसूरिणा ।
उत्तानवञ्चितौ किञ्चित् पार्श्वगौ त्रिपताकरौ ॥ ८९ ॥
प्रसारितौ लताख्यौ च सम्यक् तिर्यक् प्रसारितौ ।
विलोलितौ (तं पाश्चात् ?) पार्श्वे लताहस्तः समुन्नतः ॥ ९० ॥
कर्म + त्रिपताकोऽन्यः करिहस्तः प्रकीर्तितः ।
कनि + + निविष्टाग्रौ पताकौ पक्षवञ्चितौ ॥ ९१ ॥
परावृत्तौ पुनस्तौ द्वौ पक्षप्रद्योतकौ करौ ।
तिर्यक्प्रसारितभुजौ व्यावर्तपरिवर्तितौ ॥ ९२ ॥
हंसपक्षकरौ दण्डपक्षावुक्तौ दिगम्बरैः ।
अधोमुखतलाविद्धौ किञ्चित् तिर्यक्प्रसारितौ ॥ ९३ ॥
हंसपक्षकरौ स्यातां तौ द्वौ गरुडपक्षकौ ।
स्वस्तिकाकटकास्यौ द्वौ कुञ्चितावञ्चितौ (करौ) ॥ ९४ ॥
एकधा बहुशो वाथ मुष्टिकस्वस्तिकौ मतौ ।
मूर्ध्नि पार्श्वद्वये चैव मण्डलावृत्तिवर्तनात् ॥ ९५ ॥
आ शाम्बरमतादूर्ध्वपार्श्वमण्डलिनौ करौ ।
बहुशो वक्षसोऽन्योन्यौ वेष्टनोद्वेष्टनक्रमात् ॥ ९६ ॥
भूमिम(ण्डि ? ण्डलि)नौ हस्तौ पुरोम (ण्डि ! ण्डलि)नौ मतौ ।
अथमणिबन्धारालावुरःपार्श्वार्धदेशयोः ॥ ९७ ॥
भ्रान्तौ म(ण्डि ! ण्डलि)नौ हस्तावुरःपार्श्वार्धमण्डलौ ।
व्यावर्तपरिवर्तौ च पद्मकोशाभिधौ करौ ॥ ९८ ॥
स्यातां जानुसमीपस्थौ नलिनीपद्मकोशकौ ।
उद्घाणादूर्ध्वगाविष्टोद्वेष्टिताग्रौ तु पल्लवौ ॥ ९९ ॥
मस्तकौ देशसम्प्राप्तौ पल्लवौ ललितौ मतौ ।
कूर्परस्वस्तिकगतौ लताख्यौ ललिताविति ॥ १०० ॥

लोकव्यवहृतौ युद्धे नियुद्धे नर्तनादिषु ।
नानाप्रयोगदर्शनादिहस्तो नास्ति कश्चन ॥ १०१ ॥

कुर्वन्नावेष्टिताद्वेष्टितान्यङ्गीकर्मणा गतौ ।
रणादावर्तितं हस्ते लभते परिवर्तितम् ॥ १०२ ॥

(श्लेषः । ?)

आवेष्ट्यन्तेऽन्तराङ्गुल्यस्तर्जन्याद्या यदि क्रमात् ।
आवेष्टितं यथोद्वेष्टिताख्यमुद्वेष्टनाद् बहिः ॥ १०३ ॥

आवर्त्यन्तेऽन्तरङ्गुल्यः कनिष्ठाद्या यदि क्रमात् ।
व्यावर्तितं बहिर्वृत्तेस्तथासौ परिवर्तितः ॥ १०४ ॥

॥ चतुर्विधं हस्तकरणम् ॥

बाहवस्तिर्यगूर्ध्वाधःपृष्ठगाः कुञ्चितोऽञ्चितः ।
स्युर्मण्डलस्वस्तिका + + + विद्धा दशेति ते ॥ १०५ ॥

॥ हस्तलक्षणम् ॥

हस्तसंख्या प्रसिद्धाहं हस्तलक्षणमब्रुवम् ।
देशीनृत्ते तु नान्वेष्याः सर्वहस्ता जगज्जनैः ॥ १०६ ॥

समुन्नतं नतं चैव प्रसारितमथापरम् ।
(हा ! व्या)वृत्तं चेति पार्श्वस्य चतुर्धा भेद ईरितः ॥ १०७ ॥

समुन्नतैः कटिपार्श्वभुजांशैरुन्नतं भवेत् ।
नताभिधानं तत् पार्श्वं कथितं नाट्यवेदिभिः ॥ १०८ ॥

आयामनात् प्रसारीति पार्श्वाभ्यां तु प्रसारितम् ।
त्रिकस्य परिवर्तस्य स्याद् व्यावृत्तमपोहनात् ॥ १०९ ॥

॥ इति चतुर्विधः पार्श्वः ॥

निवृत्ता रचिता छिन्ना कम्पितोद्वाहिता तथा ।
इति पञ्चविधा प्रोक्ता कटिर्नाट्यविशारदैः ॥ ११० ॥

निवृत्ता सा कटी ज्ञेया सम्मुखी वा पराङ्मुखी ।
परितो भ्रमणाज्ज्ञेया संज्ञया रेचिता कटिः ॥ १११ ॥

तिर्यङ्मध्यस्थवलनाच्छिन्ना नाम्ना कटिर्भवेत् ।
क्षिप्रं गतागतैस्तिर्यक् कम्पिता कथिता गतौ ॥ ११२ ॥

उद्वाहिता शनैः पार्श्वनितम्बोद्वाहनात् कटिः ।

॥ कटिलक्षणम् ॥

समश्चोद्घट्टितः कुञ्चितोऽञ्चितोऽग्रतलक्रमः ॥ ११३ ॥
इति पञ्चविधः पादः समः स्वाभाविकः क्रमः ।
पादाग्रस्थेन चेत् पार्ष्णिः सकृद् भूमौ निपात्यते ॥ ११४ ॥
प्रयोगेणासकृद् द्वाभ्यामुद्घट्टितपदं समे ।
कुञ्चिता(ग्रे ? ग्र)तलं भूस्था समे चेत् पार्ष्णि(मु ? रु)च्यते ॥
कुञ्चि(ता ? तो)भिनयायत्ते(पू ? धू)दात्तगमनादिषु ।
अञ्चिताङ्गुलिपादाग्रमुत्क्षि(सं ? सा) चेत् समेऽञ्चितः ॥ ११६ ॥
पदाग्रक्षितिसञ्चारभ्रमर्युद्वर्तनादिषु ।
समे चेत् पार्ष्णिरुत्क्षिप्ता स्यादग्रतलसञ्चरः ॥ ११७ ॥
पार्ष्णिक्षतगतिभ्रान्तिक्षोणीसंघट्टनादिषु ।

इति पञ्चविधपादतललक्षणम् ॥

अ(थो ? था)पाङ्गदर्शनान्येव सादरं निरूपयामः । तत्र मुख्यत्वात् —

समं सा (स्य ? च्य)नुवृत्तं च आलोकितविलोकिते ॥ ११८ ॥
प्रतिलोकितमुल्लोकितं चावलोकितमष्टधा ॥
(भ)वन्ति दर्शनान्येवं पृथङ् नोक्तानि लक्षणैः ॥ ११९ ॥
पुटपक्ष्माग्रकर्माणि लोचनानुगतान्यतः ।
समं (संञ्यश्र सापि ? सञ्यश्रकं साचि)रूपनिर्वर्ण(ता ? ना)यतम् ॥
अनुवृत्तं स्याद् दर्शनं सहसालोकितं मतम् (!) ।
+ + + + + + + + पृष्ठतः स्याद् विलोकितम् ॥ १२१ ॥
ऊर्ध्वे(क !)क्षणमुल्लोकितमधःप्रेक्षावलोकितम् ।

इत्यष्टदर्शनलक्षणम् ॥

पदजङ्घोरुकरणं समं का(र्ये ! र्यं) प्रयोक्तृभिः ॥ १२२ ॥
पादस्य करणं सर्वं जङ्घोरुकृतमिष्यते ।
यथा (पादः ? पदं) प्रसर्पितं तथैवोरु प्रवर्तते ॥ १२३ ॥
अनयोः समानकरणात् पादचारीं प्रयोजयेत् ।
यतः पादस्ततो हस्तो यतो हस्तस्ततस्त्रिकम् ॥ १२४ ॥

पादस्य निर्गमं ज्ञात्वा ततोऽपा(ङ्गानि ? ङ्गं नि)योजयेत् ।
पादचार्या यथा पादो धरणीमेव गच्छति ॥१२५ ॥

एवं हस्तश्चारित्वा तु कटीदे(शे ? शं) समाश्रयेत् ।
आङ्गिकाभिनयाः सर्वे सार्थाः सर्वत्र जाग्रति ॥ १२६ ॥

देशिनृत्ये तु सार्थत्वं नो विचार्यं विपश्चिता ।
प्रायो लोकप्रसिद्धानि कथ्य(ते ? न्ते) तेषु कानिचित ॥ १२७ ॥

पेरणं प्पेक्खणं चैव गुण्डिली दण्डरासकः ।
अथैतानि समाश्रित्य वक्ष्यन्ते स्थानकादयः ॥ १२८ ॥

नन्द्यावर्त(म ? क)वर्धमानसमपादात् स्वस्तिकं वैष्णवं
पाष्ण्र्याविद्धकपार्ष्णिपार्श्वकपरावृत्तानि तद् गारुडम् ।
सूचीखण्ड(प ? पा)दोत्तरा समयुता सूची त्रिभङ्गीयुतं
पार्ष्णी चैकपदोत्तरौ (च) चतुरश्रं सूचिकं वैषमम् ॥ १२९ ॥

पद्मासनं नागबन्धो विषमान्तरपूर्वके ।
पद्मासनं तदा प्रोक्तं कूर्मासनमथापरम् ॥ १३० ॥

वर्धमानं यदि स्थानं षडङ्गुलिकृतान्तरम् ।
नन्द्यावर्तं तदेव स्यान्नृत्यभेदविशारदैः ॥ १३१ ॥

तिरश्चीनमुखौ पादौ पार्ष्णिभ्यां यत्र सङ्गतौ(?) ।
स्थानकं वर्धमानाख्यं तत्तदुन्नृत्यकोविदैः ॥ १३२ ॥

पाष्ण्र्यङ्गुष्ठयुतान्तरालमितिना ज्ञेयाश्चतुष्षट् च ता
अङ्गुल्योर्युगं वि+ (?) बाहुयुगलं स्वाभाविकं सौष्ठवम् ।
कर्णाग्रात् कटिगुल्फदेशसमता नाख्येऽङ्कुरः कीदृशः(!)
स्थानं तत् समुदाहृतं समपदं पुष्पाञ्जलिक्षेपणे ॥ १३३ ॥

मञ्जीरस्थानसंलग्ने मिथःश्लिष्टकानिष्ठिकौ ।
कुञ्चितौ चरणौ यत्र स्थानं तत् स्वस्ति(कमेकम् ? कं मतम्) ॥

सममेकपदं भूमावन्यत् किञ्चिच्च कुञ्चितम् ।
पुरःप्रसारितास्तिर्यक्स्थानकं वैष्णवं विदुः ॥ १३४ ॥

पाष्ण्र्यङ्गुष्ठसमायोगात् स्थानकं पार्ष्णिविद्धकम् ।
पार्श्वस्यान्तर्गता पार्ष्णिः कीर्तितं पार्ष्णिपार्श्वकम् ॥ १३६ ॥

पार्ष्ण्यङ्गुष्ठः समो यत्र तथा पार्ष्ण्यकनिष्ठकम् (?) ।
परावृत्तं परिज्ञेयं स्थानं स्थानककोविदैः ॥ १३७ ॥

आकुञ्चितोऽङ्घ्रिर्वामश्चेत् तदन्यो जानुना भुवि ।
पश्चान्न्यस्तस्तदाख्यातं स्थानकं गारुडं बुधैः ॥ १३८ ॥

चरणः कुञ्चितस्त्वेकास्तिर्यगन्यः प्रसारितः ।
ऊरुपार्ष्णिस्थितो भूमौ (खथिते ? कथितं) खण्डसूचिकम् ॥ १३९ ॥

भूलग्नः पार्ष्णिजङ्घोरु तिर्यक् पादौ प्रसारितौ ।
यत्र तत् स्थानकं प्राहुः समसूचीति नामतः ॥ १४० ॥

न्य(न्त ? स्त)द्वामकपोलकं समपदं वा(म ? मा) कटी निर्गता
किञ्चित् तिर्यगिति स्थितोऽन्यचरणो वामाङ्गलम्बान्वितः ।
यद् वक्त्रं कटिपादमस्तकतलं नारीलसन्नर्तने
विज्ञेयं ललितं त्रिभङ्गिकमिति स्थानं च तत्कोविदैः ॥ १४१ ॥

एकपादः समो यत्र बहिस्तिर्यङ्मुखोऽपरः ।
स्थानकं तत् समुद्दिष्टमेकपार्ष्ण्यभिधं बुधैः ॥ १४२ ॥

एकः समोऽङ्घ्रिर्यस्य स्येस्तद्वानुमस्तको (?) ।
बाह्यपार्श्वकृताश्लेषमेकपादाभिधं बुधैः ॥ १४३ ॥

नन्द्यावर्तं यदा सार्धं तालं चरणयोर्भवेत् ।
स्थानकं चतुरश्रं तत् कथयन्ति विचक्षणाः ॥ १४४ ॥

पुरः पश्चाच्च चरणौ सूचिलक्षणलक्षितौ ।
तदा विषमसूचीति स्थानकं कथितं बुधैः ॥ १४५ ॥

समसूचिस्थितौ नृत्तैः पादयोर्ब + नं यदा ।
क(रे ? रो)ति नर्तकी तच्च पद्मासनमिति स्मृतम् ॥ १४६ ॥

उपविष्टेऽस्य वामो + पृष्ठे स्याद् दक्षिणो यदा ।
जङ्घास्थानं समेत्तस्यां नागबन्धाभिधं तदा (?) ॥ १४७ ॥

तदेवान्तरपद्मासनमाभाति कृतं यदि ।
पादयोर्विषमं तच्च पद्मासनमुदीरितम् ॥ १४८ ॥

उत्प्लुत्यापि प्रसार्याङ्घ्री यस्तयोर्बन्ध अन्तरे ।
पद्मासनं तदेव स्यादन्तरं कथितं बुधैः ॥ १४९ ॥

दक्षिणो जानुगुल्फेन पादस्पृष्टमहीतलः ।
वामपादश्च यत्र स्यात् स्थानं कूर्मासनं स्मृतम् ॥ १५० ॥

इति देशिस्थानलक्षणम् ॥

सरिकार्धपुराडी च स्वस्तिकः स्फुरिकस्तथा ।
निकुट्टकस्तलोत्क्षेपः पृष्ठोत्क्षेपश्च वेष्टनम् ॥ १५१ ॥
अर्धस्खलतिका लुचा वराटी प्रावृतं तथा ।
उद्वेष्टनं ततोल्लालः समस्खलतिका तथा ॥ १५२ ॥
लताक्षेपो डमरुको विक्षेपः कर्तरी तथा ।
तथको(!) गारुडः पक्षो ललाटतिलकस्तथा ॥ १५३ ॥
फेल्लणालगपालौ च पालो निस्सरसस्ततः ।
पञ्चविंशतिपालाः स्युः कथिता लक्षणान्विताः ॥ १५४ ॥
भूचराः खेचराश्चेति भेदस्तत्र समीरितः ।
पाला उप्परपालाश्च नाम तेषामुदाहृतम् ॥ १५५ ॥
केनाप्येकेन पादेन सरसं सरिका भवेत् ।
स्थितोद्वृत्तनिकुट्टेन पादेनाभ्य(ब)कुट्टनम् ॥ १५६ ॥
यदुपत्तस्य(!) पादस्य सा ज्ञेयार्धपुराटिका ।
स्वस्तिकाकारघटना पादयोः स्वस्तिका भवेत् ॥ १५७ ॥
अङ्गुलीपृष्ठभागेन पादाभ्यां गमनं तु यत् ।
पुरतः पृष्ठतो वापि पार्श्वतः स्फुरिका भवेत् ॥ १५८ ॥

सा पुरिति प्रसिद्धा ।

सम(रु ! कु)ञ्चि(त)पादाग्रे स्थितिर्ज्ञेया निकुट्टनी ।
पृष्ठतः पुरतो वापि कुञ्चितेनाङ्घ्रिणा यदि ॥ १५९ ॥
जानुमात्रसमुत्क्षेपात् तलोत्क्षेपः स कथ्यते ।
पृष्ठतोऽङ्घ्रेः समुत्क्षेपात् पृष्ठोत्क्षेपश्च कथ्यते ॥ १६० ॥

स भरणीपुट इति प्रसिद्धः ।

एकाङ्घ्रिणा यदन्यस्य वेष्टनादेव वेष्टनः ।
स्खलनात् तिर्यगेकाङ्घ्रेरर्धस्खलतिका भवेत् ॥ १६१ ॥
पदाग्रेणाहतिर्भूमे (!) लुचा नाम प्रकीर्तिता ।
तद्वृत्तां विनिकुट्टेन मिथा प्रोक्ता पुराटिका (!) ॥ १६२ ॥

उद्वृत्तो यस्य पादः स्यात् सलीलं लकितं विदुः ।
प्रावृतं नाम विज्ञेयं क्रीडास्थानं मनोभुवः ॥ १६३ ॥

पश्चात् प्रापणमङ्घ्रेर्यदुद्वेष्टनमुदीरितम् ।
उल्लोलाङ्घ्रि क्रमणोङ्घ्रि युग्मं सोल्लुल इष्यते (?) ॥ १६४ ॥

पुरतः पृष्ठतस्तिर्यक् पादयोः स्खलनं समः ।
समे स्खलतिका नाम पादः प्रोक्तो विचक्षणैः ॥ १६५ ॥

एकस्य पृष्ठतः कृत्वा पुरतोऽङ्घ्रिं प्रसार्य च ।
निकुट्टने कृते तेन लताक्षेपः स कथ्यते ॥ १६६ ॥

एकाङ्घ्रिणा क्षितौ स्थित्वा भ्रामयित्वेतरं पदम् ।
स्थापने तस्य जा + तु इतरेणोरुता + + ॥ १६७ ॥

+ ण्डिका भाषाकुशलैः पादो डमरुकः स्मृतः ।
पार्ष्णि तालान्तरं पार्श्वे पुरोदेशं स्थिते पदे ॥ १६८ ॥

पादान्तराङ्गुलीसङ्गमूरोर्विक्षेप ईरितः ।
विधाय चरणावेतौ कर्तरीयत्पुरस्थितौ (?) ॥ १६९ ॥

पादः कर्तरिसंज्ञेयो नृत्यशास्त्रविशारदैः ।
नृत्ते च करणे कार्या तदूरोरन्यपादतः ॥ १७० ॥

प्रधार्यतासनं तज्ज्ञैस्तट्टाल इति कथ्यते ।
कथ्यते गारुडः पक्षः समसूची पुरीयुता ॥ १७१ ॥

भ्रमयित्वैकचरणं स्थापने तस्य लाघवात् ।
पादावानीय नर्तक्या पृष्ठतोऽङ्गुष्ठसङ्गमम् ॥ १७२ ॥

ललाटेऽभिमुखं याते ललाटतिलकः स्मृतः ।
गतिः कुरुलयार्धेन चरणाभ्यां मनोहरा (?) ॥ १७३ ॥

फेल्लणापाल इत्येष कथितो नृत्यकोविदैः ।
ऊरौ तदन्यपादेन सङ्गमो लगपालकः ॥ १७४ ॥

पुरीडिधावचरणस्तदन्यः (?) कुरुलयान्वितः ।
पालो विन्ध्यवणः प्रोक्तो नृत्यविद्याविशारदैः ॥ १७५ ॥

पिच्छिलापसृतं यद्वन्नर्तक्या नर्तने तथा ।
तिर्यक्पादापसरणं पादो निस्सरडाभिधः ॥ १७६ ॥

पादौ समनखौ श्लिष्टौ विश्लिष्टौ च प्रयोगतः ।
येच्चारी समपादाख्या नानास्थानसमाश्रया ॥ १७७ ॥

इति (पय?)पाललक्षणम् ॥

अथोत्प्लुतीकरणम् ।

(र?क)थ्यते दर्पसरणं बिन्दुः सा लोहली तथा ।
अञ्चितश्चेति चत्वारि योगभेदस्तदान्तरे ॥ १७८ ॥
वैष्णवस्थानके स्थित्वा तिर्यगावर्ति(तां घ्रिम्?ताङ्घ्रिकम्) ।
तदुक्तं दर्पसरणं करणं नृत्तवेदिभिः ॥ १७९ ॥
वामं कूर्परमानिधाय भुवि तद् यत्तोत्तलस्थं शिरो-
निक्षिप्ताहितदीर्घकाः कटितटीकान्नूरुजङ्घाः क्षितौ ।
कृत्वान्यं चरणं तदूर्ध्वफलके तज्जानुमत्तस्थितौ
बाहुस्तज्जलशायि नाम करणं यत् कथ्यते कोविदैः ॥ १८० ॥
स्थित्वा समपदेनैव पुरः प्लुत्योपवेशनम् ।
पुरोवलितदोःकाण्डं दिण्डुस्तत् करण मतम् ॥ १८१ ॥
तदेव दिण्डुकरणम(व)सानस्थितं यदि ।
अलगं किञ्चिदुद्वक्रं तदेवोर्ध्वालगं मतम् ॥ १८२ ॥
अलगं नतपृष्ठं चेन्नितम्बालम्बिमस्तकम् ।
उत्तानस्थानकोपेतमतेरालगमुच्यते (?) ॥ १८३ ॥
(मा?ना)भीबाहोरसङ्गेन शिरःस्पृष्टमहीतलम् ।
स्पृष्ट्वा पदाभ्यामत्तनं(?) कपालं चूर्णनं भवेत् ॥ १८४ ॥
समपादस्थितेरूर्ध्वं यत्र त्रिकविवर्तनम् ।
उत्पत्य पतनं तिर्यग् लोहडी सैव कथ्यते ॥ १८५ ॥
लोहडीपतने यत्र स्फुरितेनाभिपातनम् ।
करणं तत् वरभृत + + + निगद्यते ॥ १८६ ॥
उत्प्लुत्य समपादेन परावृत्य समस्थितिः ।
पश्चात् द्वयवि + भ भमञ्चितं करणं विदुः (?) ॥ १८७ ॥
(अ)ञ्चिते पतनं तिर्यक् परावृत्योपवेशनम् ।
करणं नृत्ततत्त्वज्ञैर्लङ्कादहनमीरितम् ॥ १८८ ॥
अञ्चितस्थानके यत् स्यान्नितम्बालम्बिमस्तकम् ।
बेङ्कोलं पार्ष्णि (?)चदूद्राय द्रायबेङ्कोलमुच्यते ॥ १८९ ॥

एकपादा च, कर्तव्य, त,(?) भैरवाञ्चित, दण्डप्रणामग, स्वेच्छाकरण, पद्मासान, समसूचि, विषमसूचि, गण्डसूचि, गरुडासन, कूर्मासन, गोमुखासन, जानुभजत, नागबन्ध इति बहुविधस्थानकानि करणानामुपरि समेतानि चेत् स्थानकसहितानि करणनामानि भवन्ति ।

छत्रभ्रमरिका चैव चक्रभ्रमरिका तथा ।
अन्तर्भ्रमरिका चैव बाहुभ्रमरिका तथा ॥ १९० ॥
कपालभ्रमरी चेति पञ्च भ्रमरिकाः स्मृताः ।
अथ पूर्वैरनुक्तानि देश्यङ्गानि वदाम्यहम् ॥ १९१ ॥
मुखर(ञ्धः ? सः)सौष्ठवं च ललिभावौ च तूकली ।
अनुमानं प्रमाणं च झङ्का रेवा सुरेखता ॥ १९२ ॥
अङ्गाणङ्गं ततो धालं धीलायि नवणिम्तथा ।
किटु(तरहरोल्ला)सौ वेवर्तनमतः परम ॥ १९३ ॥
स्थापनं च क्रमादेषां लक्षणं प्रतिपाद्यते ।
माल्याभरणवस्त्राद्यैर्नृत्यनै(क?प)श्यकल्पनात् ॥ १९४ ॥
प्रमोदप्रभवा वक्त्रकान्तिर्मुखरसाभिधः ।
वामदक्षिणपाश्चात्त्यपुरोभागेष्वनामितम् ॥ १९५ ॥
गात्रं यदि स्थितं सम्यक् सौष्ठवं तदुदाहृतम् ।
नहि सौष्ठवहीनाङ्गं शोभते नाट्यनृत्तयोः ॥ १९६ ॥
नाट्यं नृत्तं च सर्वं हि सौष्ठवे सम्प्रतिष्ठितम् ।
सङ्गीतसुखसञ्जातो लावण्यरसपोषकः ॥ १९७ ॥
हर्षोत्कर्षस्तु भावज्ञैर्ललिरित्यभिधीयते ।
यदि मानं समार(व्य ? भ्य) वाद्यतालसमुद्भवम् ॥ १९८ ॥
नर्तनौत्सुक्यजश्चित्तविकारो भाव उच्यते ।
स्थानकेन मनोज्ञेन स्थित्वा गम्भीरभावतः ॥ १९९ ॥
अङ्गस्यान्दोलनं (ला)लसमानं तूकली भवेत् ।
यस्याभिनययोगाय नर्तकीचित्तदोलनम् ॥ २०० ॥
अनुमानं समुद्दिष्टं प्रमाणं साम्यमुच्यते ।
वामे वा दक्षिणे वापि किञ्चिदुद्धूतभावतः ॥ २०१ ॥

अङ्गस्य चालना नृत्ये झङ्केति परिकीर्तिता ।
शिरस्सपाङ्गयोश्चैव पिञ्चितुल्लोलता यदि (?) ॥ २०२ ॥
दृश्यते भावमाधुर्यात् सोक्ता रेवा विचक्षणैः ।
आङ्गिकाभिनयो नृत्ये विकटाङ्गविवर्जितम् ॥ २०३ ॥
यदि प्रवर्तते तज्ज्ञैः सुरेखत्वं तदीरितम् ।
ताण्डवादिषु नृत्तेषु प्रस्तुतेषु पृथक् पृथक् ॥ २०४ ॥
उक्तोऽङ्गमङ्गमुद्दिष्टमणङ्गं त्वन्यसंश्रयम् ।
ललिताभिनयाः सर्वे ललि(ता?)भावसमाश्रयाः ॥ २०५ ॥
नर्तकीचित्तसारस्यात् तस्माद्ढालं तदुच्यते ।
स्थाने वा मन्दगमने नर्तक्यां यदि लक्ष्यते ॥ २०६ ॥
ललितं गात्रशैथिल्यं षिल्लायीति निगद्यते ।
यदि घर्माङ्गनमनमनायासेन वर्तते ॥ २०७ ॥
विषमेषु प्रयोगेषु तवणिः समुदाहृता ।
भुजयोः स्तनयुग्मे वा तालपादसमं यदि ॥ २०८ ॥
(स्य ? स्प)न्दनं सुकुमारं स्यादेतत् फिंतु निगद्यते ।
नर्तने यदि नर्तक्याः स्तनयोः क्षिप्रकम्पनम् ॥ २०९ ॥
लक्ष्यते बाहुपर्यन्तमेतत् तरहरं विदुः ।
यदि वाद्यो + सदृशं नर्तक्यङ्गं मुहुर्मुहुः ॥ २१० ॥
यद्युल्लसति भावेन तमुल्लासं प्रचक्षते ।
आङ्गिकाभिनयो वाद्यपादानामुचितः समः ॥ २११ ॥
यदि प्रवर्तते तज्ज्ञैस्तद् वैवर्तनमीरितम् ।
करणाभिनयस्यान्ते विषमस्यापरस्य वा ॥ २१२ ॥
रूपसौष्ठवरेखाभिः स्थितिः स्थापनमुच्यते ।
क्रमेण पेरणादीनां पद्धतिः कथ्यतेऽधुना ॥ २१३ ॥
नृत्तं ततश्च कैवारो घर्घरो वागडस्तथा ।
गीतं चेति बुधाः प्राहुः पेरणस्याङ्गपञ्चकम् ॥ २१४ ॥
नृत्तं तद् द्विविधं ज्ञेयं ताण्डवं लास्यमित्यपि ।
तत्राप्युपलयाङ्गः स्यात् प्रायस्तालल्याश्रयम् ॥ २१५ ॥

वर्णयित्वा गुणान् पूर्णान् पुरातनमहीभुजाम् ।
तत्तद्गुणसमारोपः कैवारः स्यात् सभापतेः ॥ २१६ ॥
ठवणे वशतः क्षुद्रघण्टिकापयपालनाः ।
नालपाठ्याथवा प्रोक्ता घर्घरेति विचक्षणैः ॥ २१७ ॥
यन्मर्कटपिशाचादिहास्यवेषसमाश्रयम् ।
त्रिकटाभिनयोपेतं वागडं तत् प्रचक्षते ॥ २१८ ॥
+धैः सङ्कीर्णरागैर्वा + + स्तालत्रिसंयुतम् ।
गीयते गीतमुक्तं तत् सभ्यचित्तानुरञ्जनम् ॥ २१९ ॥
रङ्गे स्थितान्तरान् वाद्यसमुदायत्रये क्रमात् (?) ।
उद्ग्राहादित्रयं यत्र गानं श्रेष्ठं तदीरितम् ॥ २२० ॥
समहस्तं भवेदादौ ततो रिप्पवणी भवेत् ।
ततः परं पदं ज्ञेयं वेसारं तदनन्तरम् ॥ २२१ ॥
तुडुकाख्यं ततो वाद्यं ततः पहरणाभिधम् ।
वाद्यपद्धतिरित्युक्ता पेरणस्य विचक्षणैः ॥ २२२ ॥
झेङ्कारं वादयेत् पूर्वं घल्लणं च ततः परम् ।
ततो वाद्यं च कपितामन्तरां च ततः क्रमात् ॥ २२३ ॥
अवज्ञामलपं चेति पेक्खणे वाद्यपद्धतिः ।
समहस्तं पहरणा ततस्त्वारभटाह्वयः ॥ २२४ ॥
मुखवाद्यं ततो ज्ञेयं तकारं तदनन्तरम् ।
झेङ्कारं च ततः पश्चाद् दुवकरसमाह्वयम् ॥ २२५ ॥
ततो रिघमणि(वा ? वा)द्यं ततः पहरणाभिधः ।
तुडुकश्चेति विज्ञेया गुण्डलीवाद्यपद्धतिः ॥ २२६ ॥
पेरणादित्रये गीतपद्धतिः कथ्यतेऽधुना ।
वाद्येन सह गीताया मेलायां तदनन्तरम् ॥ २२७ ॥
तेनैव खलु तालेन वाद्यते गुष्कमन्तरा(?) ।
प्रतिरूपकपर्यन्तं यत्र सा शुद्ध(पद्ध)तिः ॥ २२८ ॥
प्रथमं पाटकरणं बन्धाख्यं चित्रसंज्ञकम् ।
कैवारो वर्णसरकस्त्वन्ये वा पाटमिश्रिताः ॥ २२९ ॥

प्रबन्धा यत्र गीयन्ते वाद्यन्ते च यथाक्षरम् ।
यथाक्षरं च नृत्यन्ते सा चित्रा शुद्धपद्धतिः ॥ २३० ॥
ध्रुवा मट्टश्च निस्सारुश्चण्डानिस्सारुकस्तथा ।
अड्डताली रासकिश्च ततः स्यादेकतालिका ॥ २३१ ॥
इत्येषा पद्धतिर्ज्ञेया सालगाख्या विचक्षणैः ।
पेरण्याख्या च मण्डल्या शुद्धे छायालगे तथा ॥ २३२ ॥
दुवक्करं पहरणा यतिश्चान्तरवादनम् ।
पद्धतित्रितये शुद्धचित्रे सालगसंज्ञके ॥ २३३ ॥
तत्तत्पद्धतिभेदेन वाद्यं कुर्याद् यथोचितम् ।
यतो हस्तस्ततो दृष्टिर्यतो दृष्टिस्ततो मनः ॥ २३४ ॥
यतो मनस्ततो भावो यतो भावस्ततो रसः ।
यत्र व्यग्रावुभौ तत्र + + दृष्टिविलोकितैः ॥ २३५ ॥
मीलितैर्ऽभिनयं कुर्याद् विमतैरर्धदर्शनैः ।
अङ्गेनालम्बयेद् गीतं हस्तेनार्थं प्रदर्शयेत् ॥ २३६ ॥
चक्षुर्भ्यां भावयेद् भावं पादाभ्यां तालनिर्णयम् ।
तालश्च कांस्यतालश्च घण्टिका जयपूर्विका ॥ २३७ ॥
पटहश्च हुडुका च मृदङ्गः करटा ततः ।
इत्यादिवाद्यसन्दोहो वाद्यते दण्डरासके ॥ २३८ ॥
रूपयौवनवर्णैस्तु समाना दीर्घलोचनाः ।
(शुक ? कृश)मध्या नितम्बाढ्याः पीनावृत्तपयोधराः ॥ २३९ ॥
चलुणैः कञ्चुकैर्युक्ता नानावर्णविचित्रितैः ।
+ + + + + + + + नूपुरालङ्कृताङ्घ्रयः ॥ २४० ॥
माल्यानुलेपसम्पन्नाः सर्वाभरणभूषिताः ।
सावधानाः प्रगल्भाश्च स्त्रियः पात्रं प्रकल्पिताः ॥ २४१ ॥
पात्रद्वयं समारभ्य द्वे द्वे पात्रे विवर्धयेत् ।
भवेयुरष्टद्वन्द्वानि यावत् तावद् यथारुचि ॥ २४२ ॥
अन्योन्या(व ?)भिमुखं वापि परावृत्तमुखं तथा ।
मुखो दण्डानुविद्धं च (?)वाद्यतालसमन्वितम् ॥ २४३ ॥

स्थानके + + + र्हस्तचलनैर्वर्तनैर्युतम् ।
नानाबन्धैः समायुक्तं लयत्र(य)समन्वितम् ॥ २४४ ॥
दण्डरायमिति प्रोक्तं नृत्तभेदविचक्षणैः ॥ २४४ ॥

इति सङ्गीताकरनामधेयश्रीपार्श्वदेवविरचिते सङ्गीतसमयसारे नृत्तलक्षणं नाम षष्ठमधिकरणम् ॥

अथ सप्तममधिकरणम् ।

गीतं वाद्यं च नृत्तं च लयं ता(लं ? ले) विराजते ।
तस्मात् तालस्वरूपं च वक्ष्ये लक्ष्यानुसारतः ॥ १ ॥
उपर्युपरिविन्यस्तपद्मपत्रशते सकृत् ।
यः कालः सूचिसम्भेदात् तत् क्षणं सादजं प्रति (?) ॥ २ ॥
लवः क्षणैरष्टभिः स्यात् काष्ठा चाष्टलवात्मिका ।
अष्टौ काष्ठा निमेषः स्यात् कालस्त्वष्टनिमेषकैः ॥ ३ ॥
कालैस्त्रुटिश्चतुर्भिः स्यात् ताभ्यामर्धद्रुतं भवेत् ।
अर्धद्रुताभ्यां बिन्दुः स्याद् बिन्दुभ्यां तु लघुर्भवेत् ॥ ४ ॥
लघुभ्यां तु गुरुः प्रोक्तो लैस्त्रिभिः प्लुत एव च ।
इति मानगतः प्रोक्तो मनोगा तालवेदिभिः ॥ ५ ॥
आवापादिर्ध्रुवादिर्वा + + + परिकीर्तिताः ।
तत्रावा(पे ? पो)ऽथ निष्क्रामो विक्षेपोऽथ प्रवेशनम् ॥ ६ ॥
शम्या तालश्च विज्ञेयाः सन्निपातश्च सप्तमः ।
आवापसंज्ञकं ज्ञेयमुत्तानाङ्गुलिकुञ्चनम् ॥ ७ ॥
अतस्तलेन हस्तेन निष्क्रामाख्यं प्रसारणम् ।
तस्य दक्ष(ग)तः क्षेपो विक्षेपः परिभाष्यते ॥ ८ ॥
भूयश्चाकुञ्चनं ज्ञेयं प्रवेशाख्यमतस्तलम् ।
शम्या दक्षिणपातस्तु तालो वामस्तु कीर्तितः ॥ ९ ॥
उभयोर्हस्तयोः पातः सन्निपात इति स्मृतः ।
ध्रुवका सर्पिणी कृष्या बन्धिनी च वि(व?स)र्जिता ॥ १० ॥
विक्षिप्ता च पताका च पतिता चाष्टमी मता ।
घनाभिघातो ध्रुवकः सर्पिण्यग्रे प्रसारिता ॥ ११ ॥

कुष्या कुञ्चनमात्रा च बन्धाकारा च बन्धिनी ।
विसर्जितोपरिष्ठेन विक्षिप्तोत्तानवामतः ॥ १२ ॥
ऊर्ध्वाङ्गुलिः पताका स्यात् पतिता पतिता पुनः ।
लघ्वक्षराणां पञ्चानां मानमुच्चारणे हि यत् ॥ १३ ॥
तत्प्रमाणपरिज्ञेया मात्रा तालगता बुधैः ।
द्विमात्रा स्यात् कला चित्रे चतुर्मात्रानुवर्तिके ॥ १४ ॥
अष्टमात्रा च विद्भद्भिर्दक्षिणे समुदाहृता ।
तालान्तरालवर्ती यः कालोऽसौ लयनामकः ॥ १५ ॥
त्रिविधः स च विज्ञेयो द्रुतो मध्यो विलम्बितः ।
लययानाद् यतिः प्रोक्तश्चित्रादिषु यथाक्रमम् ॥ १६ ॥
समा स्रोतवहाख्या च गोपुच्छा चेति सा त्रिधा ।
अथ देशीगता मार्गा वक्ष्यन्ते लक्षसम्भवाः ॥ १७ ॥
तत्र चित्रतरश्चैकस्तथा चित्रतमोऽपरः ।
अतिचित्रतमश्चेति तत्स्वरूपं निरूप्यते ॥ १८ ॥
मात्रा चित्रतरा ज्ञेया व्यर्धं चित्रतमे मता ।
अतिचित्रतमे मार्गे कला नु द्रुतसंज्ञिता ॥ १९ ॥
अथ चित्रादिमार्गेषु स तालः स्याच्चतुर्विधः ।
चतुरश्रस्तथा त्र्यश्रो मिश्रः खण्डननामकः ॥ २० ॥
तत्र चच्चत्पुटः प्रोक्तश्चतुरश्रो मनीषिभिः ।
स त्रिधैककलः पूर्वं द्विकलश्च चतुष्कलः ॥ २१ ॥
तथा चाचपुटस्त्र्यश्रो युग्मो + + च मिश्रणात् ।
विश्लिष्टैरप्य(वि)श्लिष्टैस्तालाङ्गैर्यो द्रुतादिभिः ॥ २२ ॥
क्रियते बहुभङ्गीभिः स तालः खण्डसंज्ञकः ।
खण्डोऽपि चतुरश्राख्यस्त्र्यश्रो मिश्रस्तथैव च ॥ २३ ॥
सङ्कीर्णश्चेति निर्दिष्टश्चतुर्धा तालवेदिभिः ।

अथ तालोद्देशः —

चच्चत्पुटश्चाचपुटः षट्पितापुत्रकस्तथा ॥ २४ ॥
सम्पर्केष्टक उद्घट्ट आदितालश्च दर्पणः ।
चच्चरी सिंहलीलश्च कन्दर्पः सिंहविक्रमः ॥ २५ ॥

श्रीरङ्गो रतिशीलश्च रङ्गतालः परिक्रमः ।
प्रत्यङ्गो गजलीलश्च त्रिभिन्नो वीरविक्रमः ॥ २६ ॥

हंसलीलो वर्णराजश्चूडामणिवरस्ततः ।
रङ्गोद्योतो राजतालः सिंहविक्रीडितस्ततः ॥ २७ ॥

वनमाली वर्णतालस्ततो रङ्गप्रदीपकः ।
हंसनादः सिंहनादो मल्लिकामोदसंज्ञकः ॥ २८ ॥

भवेच्छरभलीलश्च रङ्गाभरण एव च ।
ततस्तुरगलीलः स्यात् स्यात् ततः सिंहनन्दनः ॥ २९ ॥

जयश्रीर्विजयानन्दः प्रतितालो द्वितीयकः ।
मकरन्दः कीर्तितालो विजयो जयमङ्गलः ॥ ३० ॥

राजविद्याधरो मट्टो जयतालः कुडुक्ककः ।
ततो निस्सारुकः क्रीडा त्रिभङ्गिः केरलप्रियः ॥ ३१ ॥

श्रीकीर्तिर्बिन्दुमाली च समतालश्च नन्दनः ।
उदीक्ष(मा ?)णो म(टिका ? ट्ठिका) च ढेङ्किका वणुमट्ठिका ॥३२॥

अभिनन्दो नरक्रीडा मल्लतालश्च दीपकः ।
अनङ्गतालो विषमो नान्दीपुकुन्दकन्दकौ ॥ ३३ ॥

एकतालश्च कङ्कालश्चतुस्तालश्च डोम्बुली ।
अहङ्गारायबेङ्कोलस्तथैव लघुशेखरः ॥ ३४ ॥

प्रतापशेखरश्चान्यो जगझम्पा चतुर्मुखः ।
झम्पा च प्रतिमट्टश्च तथा तालस्तृतीयकः ॥ ३५ ॥

तस्मादुपरि विज्ञेयो वमतौ ललितो रतिः ।
करणाख्ययतिश्चैव षट्तालो वर्धनस्तथा ॥ ३६ ॥

ततो वर्णयतिश्चैव राजनारायणः स्मृतः ।
मदनश्चैव विज्ञेयः पार्वतीलोचनस्ततः ॥ ३७ ॥

ततो गारुकितालः स्यात् ततः श्रीनन्दनो जयः ।
लीलाविलोकितश्चान्यो ललितप्रियसात्रच (?) ॥ ३८ ॥

जनकश्चैवलक्ष्मीको रागवर्धनसंज्ञकः (?) ।
उत्सवश्चेति तालानामे(को ? के)नाभ्यधिकं शतम् ॥ ३९ ॥

चतुरश्रादितालानां मध्ये व्यवहारयोग्यताललक्षणं प्रस्तारसहितं वक्ष्ये —

प्रस्तारे तालसम्बन्धि ह्यक्षरं स्याच्चतुर्विधम् ।
संज्ञया तत् परिज्ञेयं द्रुतं लघु गुरु प्लुतम् ॥ ४० ॥

प्रत्येकं च द्रुतादीनां भवेत् पर्यायपञ्चकम् ।
अर्धमात्रं द्रुतं व्योम व्यञ्जनं बिन्दुकं तथा ॥ ४१ ॥

मात्रिकं सरलं ह्रस्वं लघु व्यापकमित्यपि ।
द्विमात्रिकं कला वक्रं गुरु दीर्घमिति स्मृतम् ॥ ४२ ॥

सामोद्भवं प्लुतं दीप्तं तथा व्यक्तं त्रिमात्रिकम् ।
अथ द्रुतादिनिष्पन्नांस्तालान् वक्ष्यामि साम्प्रतम् ॥ ४३ ॥

ताले चच्चत्पुटे ज्ञेयं गुरुद्वन्द्वं लघु प्लुतम् ।
गुरुर्लघू गुरुश्चैव भवेच्चाचपुटाभिधे ॥ ४४ ॥

पलगा गलपाश्चैव षट्पितापुत्रके स्मृताः ।
मगणाद्यन्तं प्लुतं ज्ञेयं सम्पर्केष्टकसंज्ञकम् ॥ ४५ ॥

उद्घट्टे मगणस्त्वेक आदितालेश्च दघु स्मृतः (?) ।
अष्टकस्त्वस्तु चच्चर्यां विरामान्तो द्रुतौ लघु (?) ॥ ४६ ॥

सिंहलीले विधातव्यं लध्वाद्यन्तद्रुतत्रयम् ।
सिंहविक्रमताले स्युर्मगणो लपला गपौ ॥ ४७ ॥

लचतुष्कं विरामान्तं गजलीले प्रकीर्तितम् ।
सविरामं लघुद्वन्द्वं ताले स्याद्धंसलीलके ॥ ४८ ॥

राजचूडामणे(?) ताले द्रुतौ नश्च द्रुतौ लगौ ।
द्वितयं यगणं चैव सिंहविक्रीडिते लपौ ॥ ४९ ॥

यगणाल्लो गुरुश्चैव सिंहनादे निरूपिताः ।
लघुद्रुतचतुष्कं लौ स्यातां शरभलीलके ॥ ५० ॥

तुरङ्गलीलताले स्याद् द्रुतद्वन्द्वं लघुस्ततः ।
तपो लगो द्रुतौ गौलः पलपाकश्च लद्वयम् ॥ ५१ ॥

निश्शब्दलचतुष्कं च ताले स्यात् सिंहनन्दने ।
लो द्रुतो प्रतितालः स्याद् द्रुतौ लश्च द्वितीयके ॥ ५२ ॥

धकारश्च सकारश्च जयमङ्गलनामानि ।
सकारान्मट्टताले स्यान्निःशब्दं च चतुष्टयम् ॥ ५३ ॥
द्रुतद्वयं लघुद्वन्द्वं भवेत् ताले कुट्टकके ।
लघुद्वन्द्वं विरामान्तं ताले निस्सारुके भवेत् ॥ ५४ ॥
मट्टिकायां विधातव्या गुरुबिन्दुः प्लुतः क्रमात् ।
ढेङ्किका रगणे न स्यात् केषाञ्चित् सैव योजना ॥ ५५ ॥
एकेनैव द्रुतेन स्यादेकतालेति संज्ञया ।
चतुस्ताले गुरुः पूर्वं ततो बिन्दुत्रयं भवेत् ॥ ५६ ॥
ए(कै)केन विरामेण लघुना लघुशेखरः ।
प्रतापशेखरे त्र्यङ्गा विरामान्तद्रुतद्वयम ॥ ५७ ॥
व्योमद्वयं विरामान्तं लश्च झम्पाभिधे भवेत् ।
गली तु प्रतिमट्टश्चताललक्षणकोविदैः ॥ ५८ ॥
तृतीयताले बिन्दुः स्याद् विरामान्तं द्रुतत्रयम् ।
ताले करणय(प्या ? त्या)ख्ये नेयं बिन्दुचतुष्टयम ॥ ५९ ॥
गररुगिद् कथ्यते तज्ज्ञैर्विरामान्तं चतुर्द्रुतम् ।
गरुषो + + + + + द्वात्रिंशल्लवगस्तथा ॥ ६० ॥
चतुष्षष्टिर्द्रुता पाता चतुर्शाक्षिसिकस्तथा(?) ।

आक्षिप्तकः ॥

सप्त गुर्वक्षराण्यादौ दश लध्वक्षराणि च ॥ ६१ ॥
(अहे ? अन्ते) च गुरुणी यत्र मद्रकः सोऽभिधीयते ।

भङ्गः, उपभङ्गः, विभङ्गः, चच्चत्पुट, चाचपुट, उद्धट, षट्पिता-पुत्रक, सम्पर्केष्टक, हेलात्रिगता, मनस्कुट, नरकुटी, खञ्ज, खञ्जिक, आक्रीडितविलम्बा (तु ति ? इति) द्वादश भङ्गाः(?) । आकुटिला, आक्षिप्तिका, त्र्यश्रा, चतुरश्रा, चटुला, मिश्रा षडेते उप(भोगा ? भङ्गाः) । इतरे विभङ्गाः ॥

तालमूलानि गेयानि ताले सर्वं प्रतिष्ठितम् ॥ ६२ ॥
तालहीनानि गेयानि मन्त्रहीना यथाहुतिः ॥ ६२½ ॥

इति सङ्गीताकरनामधेयश्रीपार्श्वदेवविरचिते सङ्गीतसमयसारे ताललक्षणं नाम सप्तममधिकरणम् ॥

अथाष्टममधिकरणम् ।

गीते वाद्ये च नृत्ते च तत्तद्विद्याः परस्परम् ।
भवे(यु)र्वादिनस्तस्माद् वक्ष्यते (प? वा)दनिर्णयः ॥ १ ॥

परस्परसमाक्षेपो यो वादिप्रतिवादिनोः ।
स्वपक्षपरपक्षाभ्यां वादः स(ह?) इति कीर्तितः ॥ २ ॥

सभापतिश्च स(भा? भ्या)श्च तौ वादिप्रतिवादिनौ ।
इति प्रोक्तं मतङ्गाद्यैर्वादस्याङ्गचतुष्टयम् ॥ ३ ॥

कथयामि क्रमादेषां लक्षणं च समासतः ।
आस्थानमण्डपे रम्ये सर्वलक्षणसंयुते ॥ ४ ॥

चित्राभासविचित्राख्य(?)चित्रचित्रोपशोभिते ।
चन्दनागरुकर्पूरधूपैस्तु परिवासिते ॥ ५ ॥

बहुवर्णपटीपट्टवितानपरिशोभिते ।
नानारत्नसमाकीर्णे नानालङ्कारशोभितम् ॥ ६ ॥

सिंहासनं पूर्वमुखं मध्यतो विनिवेशयेत् ।
श्रीमान् दाता गुणग्राही भावज्ञः कीर्त्तिलम्पटः ॥ ७ ॥

सङ्गीतगुणदोषज्ञः सर्वभाषाविचक्षणः ।
प्रियवा(ग्) वा(द)मध्यस्थः पारितोषिकदायकः ॥ ८ ॥

सभ्यवादी च शृङ्गारी मार्गदेशीप्रभेदवित् ।
धीमान् सर्वकलादक्षस्तदध्यासिनभूपतिः ॥ ९ ॥

रूपयौवनसम्पन्ना सदा शृङ्गारलोलुपा ।
सौभाग्यशालिनी भर्तुश्चित्तनेत्रानुसारिणी ॥ १० ॥

देवी चोप(वे? वि)शे (त्तु? द् भर्तुः) वामभागे महीपतेः ।
रूपयौवनसम्पन्नाः सर्वाभरणभूषिताः ॥ ११ ॥

भावाभावविलासाढ्या विभ्रमादिगुणान्विताः ।
विलासिनीर्महीपस्य पश्चाद्भागे निवेशयेत् ॥ १२ ॥

कार्याकार्यविभागज्ञा नीतिशास्त्रविशारदाः ।
स्वामिभक्ताश्च सचिवाः सर्वकार्यकृतिक्षमाः ॥ १३ ॥

स(भा: ? भ्या:) सङ्गीतशास्त्रज्ञास्तल्लक्ष्यज्ञा अनुद्धता: ।
मध्यस्था वादसमये गुणदोषनिरूपका: ॥ १४ ॥

कवयो रसभावज्ञाश्छन्दोलङ्कारवेदिन: ।
अमन्दा: प्रतिभायुक्ता रीतिनिर्वाहकोविदा: ॥ १५ ॥

काव्यनाटकसञ्जातरसास्वादनलम्पटा: ।
रसिका: सूक्ष्मभावार्थज्ञानानन्दितचेतस: ॥ १६ ॥

एते सर्वे यथायोग्यं भवेयुस्तस्य दक्षिणे ।
वाग्गेयकारकविताकारा ये नर्तकादय: ॥ १७ ॥

लक्ष्यलक्षणदक्षाश्च सङ्गीताङ्गविचक्षणा: ।
वामभागे महीपस्य स्यात् तेषामुपवेशनम् ॥ १८ ॥

अन्येऽपि ये यथायोग्यास्तत्तद्विद्याविशारदा: ।
भवेयुस्तस्य भूपस्य नातिदूरोपवेशिन: ॥ १९ ॥

अनुवाददृढप्रज्ञ: स्वशास्त्रश्रवणान्वित: ।
परोक्तदूषणोद्धर्ता वादी स्यात् पक्षसाधक: ॥ २० ॥

वक्तारं शास्त्रवेत्तारं बुद्धिमन्तं + + + + ।
वादिप(क्षे ? क्ष)निहन्तारं तं विद्यात् प्रतिवादिनम् ॥ २१ ॥

निर्वाहाधिक्यवाञ्छा च मत्सर: स्वामिकौतुकम् ।
स्वैरगोष्ठीपरिभव: कारणान्तरवैरता ॥ २२ ॥

प्रतिपत्ति: स्पृहासूया कीर्तिव्यसनता तथा ।
विद्यामदश्च निर्दिष्टास्तज्ज्ञैर्वादस्य हेतव: ॥ २३ ॥

स्त्रीपुंसयोर्वृद्धयूनोर्दरिद्रश्रीमतोस्तथा ।
विनीतोद्धतयो: खिन्नतुष्टमानसयोरपि ॥ २४ ॥

शि(ष्टो ? ष्यो)पाध्याययोर्भिन्नविद्ययोर्भीरुशूरयो: ।
न वादोऽभिहित: सद्भिर्वादहेतुषु सत्स्वपि ॥ २५ ॥

वित्तेन विद्यया रूढ्या समयोर्वाद इष्यते ।
तस्मादत्र प्रवक्ष्यन्ते गुणा दोषाश्च वादिनाम् ॥ २६ ॥

ग्रन्थार्थस्य परिज्ञानं तात्पर्यार्थनिरूपणम् ।
आद्यन्तमध्यव्याख्यानशक्ति: शास्त्रविदो गुणा: ॥ २७ ॥

पूर्वापरविरोधानामज्ञ(तः ? त्व)मविदग्धता ।
निरुत्तरत्वं प्रश्नेषु सम्प्रदायविहीनता ॥ २८ ॥
इत्यादयस्तु शास्त्रज्ञैर्दोषाः सद्भिरुदाहृताः ।
लक्षलक्ष्यं च यो वेत्ति मार्गदेशीसमाश्रयम् ॥ २९ ॥
उत्तमः स परिज्ञेयः शास्त्रज्ञेषु मनीषिभिः ।
वेत्ति मार्गाश्रयं लक्ष्यं लक्षणं यः स मध्यमः ॥ ३० ॥
सम्यग् जानाति यो देशीलक्ष्म लक्ष्मं च सोऽधमः ।
शास्त्रवादे समुत्पन्ने गुणदोषैस्तदीयकैः ॥ ३१ ॥
तारतम्यं तयोर्ज्ञात्वा दद्या(न्त ? ज्ज)यपराजयौ ।
शब्दशास्त्रपरिज्ञानं छन्दोविचितिनैपुणम् ॥ ३२ ॥
अभिधानेषु दक्षत्वं कलानामपि कौशलम् ।
सप्तगीतिप्रवीणत्वं चातुर्यं रसभावयोः ॥ ३३ ॥
अलङ्कारेषु चातुर्यं सु(र ?)तालत्वं सुरागता ।
सुस्वरत्वं सुगेयत्वं देशीरागेष्वभिज्ञता ॥ ३४ ॥
देशभाषापरिज्ञानं प्रभुचित्तानुवर्तनम् ।
नृत्ते वाद्ये प्रवीणत्वं तथैवास्थानशूरता ॥ ३५ ॥
प्रतिभानं वचस्वित्वं सभ्यचित्तानुरञ्जनम् ।
अनिबद्धस्वरज्ञानं चतुर्धातुषु पा(द ? ट)वम् ॥ ३६ ॥
सर्वप्रबन्धबोधश्च मुक्तिकाले प्रदक्षता ।
त्रिस्थानव्याप्तिसुभगः प्रयोगः कोपवर्जनम् ॥ ३७ ॥
आदिष्टार्थस्य निर्वाहः साश्चर्यकविता तथा ।
यथोचितपदन्यासप्रागल्भ्यं वश्यक(र्ण ? ण्ठता) ॥ ३८ ॥
सावधानत्वमेकाग्र्यप्रौढिर्वक्त्रे प्रसन्नता ।
एते वाग्गेयकारस्य गुणाः सद्भिरुदाहृताः ॥ ३९ ॥
ग्राम्योक्तिरपशब्दश्च तद्वदप्रस्तुतस्तुतिः ।
गमके च पदे जाड्यं प्रबन्धज्ञानहीनता ॥ ४० ॥
रसानुरूपरागाणामज्ञत्वमाविदग्धता ।
क्रियानिर्वहणाज्ञत्वं मन्दशारीरता तथा ॥ ४१ ॥

माने न्यूनाधिकाङ्गत्वं रीतिभङ्गं तथा पुनः ।
छायापरिच्युतिस्तद्वद् गानं चासमये तथा ॥ ४२ ॥
अश्राव्यं लक्षणं त्यक्त्वा धातुत्रातूकरोति यः ।
दोषैरेतैरुपेतो यो निन्द्यवाग्गेयकारकः ॥ ४३ ॥
सूडक्रमवशादेषां तारतम्यमथोच्यते ।
शुद्धसालगयोः सूडं विषमं प्राञ्जलं तथा ॥ ४४ ॥
करोति (व ? गे)यकारो यः स भवेदुत्तमोत्तमः ।
कर्ता विषमसूलस्य तयोरुत्तममध्यमः ॥ ४५ ॥
तयोः प्राञ्जलसूडस्य कर्ता स्यादुत्तमाधमः ।
यः कुर्यात् सालगे सूडं विषमं प्राञ्जलं तथा ॥ ४६ ॥
जघन्येषूत्तमः सोऽयमुद्दिष्टो(यं ? गे)यकारकः ।
कर्ता विषमसूडस्य सालगे तेषु मध्यमः ॥ ४७ ॥
सालगे प्राञ्जलस्यैव कर्ता तेष्वधमः स्मृतः ।
अधमो मातुकारश्च मध्यम + + + + + ॥ ४८ ॥
धातु(त्रा)तुक्रियायुक्त उत्तमः परिकीर्तितः ।
वाग्गेयकारयोर्वादे सूडं गातुं प्रदापयेत् ॥ ४९ ॥
उत्तारं बन्धगीतं वा बद्धान्तरमथापि वा ।
कुरुपुङ्गं ततस्तद्वद् गुणदोषान् निरूपयेत् ॥ ५० ॥
तारतम्यं तयोर्ज्ञात्वा दद्याज्जयपराजयौ ।
अनिन्द्याश्चैव निन्द्याश्च द्विविधा गायका मताः ॥ ५१ ॥
क्रमेण वक्ष्यते तेषां लक्ष्मोद्देशपुरस्सरम् ।
क्रियापरः क्रमस्थश्च गतिस्थः सुघटस्तथा ॥ ५२ ॥
सुसङ्गः शिक्षकश्चै *(व) रसिको भावकस्तथा ।
रर्दकः पररीतिज्ञः सुगन्धोऽनियमस्तथा ॥ ५३ ॥
आलसिगायनो गीतगायणश्चोपणस्तथा ।
वितालश्च विबन्धश्च मिश्रश्चानिन्द्यगायकाः ॥ ५४ ॥
यथाशास्त्रप्रयोगेण मार्गदेशीयमेव च ।
यो गायति विना दोषान् कथ्यते स क्रियापरः ॥ ५५ ॥

---

* लक्षणकथने 'शिकाकार' इति 'रजक' इति च पठ्यते ।

उत्तमोत्तमसूडादि सूडान् गायति यः क्रमात् ।
प्रतिरूपकपर्यन्तं क्रमस्थः स उदाहृतः ॥ ५६ ॥
वश्यकण्ठतया सम्यग् गमकान् यः पृथक् पृथक् ।
गमयेल्लक्षणोपेतं गतिस्थः स तु कीर्तितः ॥ ५७ ॥
स्वरो वर्णश्च तालश्च व्यक्तं पाटयति त्रयम् ।
शोभनध्वनिसंयुक्तं सुघटं तं प्रचक्षते ॥ ५८ ॥
सुशारीरवशात् तत्तद्रागं च (स्व)कृतिक्ष(म): ।
अनायासेन गीतज्ञः सुसच्चः परिकीर्तितः ॥ ५९ ॥
द्रुतं यः शिक्षते गीतं विषमं प्राञ्जलं तथा ।
शुद्धे छायालगे सम्यक् शिकाकारः स कथ्यते ॥ ६० ॥
सुश्रयं गीतमाकर्ण्य भवेद् यः पुलकान्वितः ।
आनन्दाश्रुकणाकीर्णः सोऽयं रसिकगायकः ॥ ६१ ॥
निरसं (स)रसं कुर्वन् निभावं भावसंयुतम् ।
श्रोतुश्चित्तं परिज्ञाय यो गायेत् स तु भावकः ॥ ६२ ॥
चेतोहरेण गीतेन विदित्वा श्रोतुराशयम् ।
रञ्जं गीते विधत्ते यो र(ज ? ञ्ज)कः सोऽभिधीयते ॥ ६३ ॥
गीतशारीरचेष्टा(ना)मालप्तौ चानुकारकृत् ।
गीतोत्तमगुणैर्युक्तः पररीतिज्ञ इष्यते ॥ ६४ ॥
विषमं प्राञ्जलं वापि सुचिरं यस्य गायतः ।
कण्ठे न याति माधुर्यं सुगन्धः स तु कीर्तितः ॥ ६५ ॥
विषमं प्राञ्जलं वापि गतिस्त्ववधिवर्जिता ।
वर्तते यत्र गीतज्ञैरनियमः स तु कीर्तितः ॥ ६६ ॥
गीतादपि यदालप्तिः श्रुतौ सौख्यविधायिनी ।
आलप्तिगायनः सोऽयं निर्दिष्टो गीतवेदिभिः ॥ ६७ ॥
आलप्तेरपि यद् गीतं भवेदतिमनोहरम् ।
उक्तो गायकभेदज्ञैः सोऽयं रूपकगायणः ॥ ६८ ॥
शुद्धे छायलके चैव गीतमालप्तिसंयुतम् ।
यो गायति (वसि ? स वि)ज्ञेयश्चोप(टो ? णो) गीतवेदिभिः ॥

ध्वनिशारीरयोर्यस्य नानादेशेषु रीतयः ।
विलगन्ति स विज्ञेयो वितालो गीतवेदिभिः ॥ ७० ॥
नानाविधं विभक्तं च ध्वनौ यश्चि(त? न्त)येद् गतिम् ।
विबन्धः स परिज्ञेयो गीततत्त्वविचक्षणैः ॥ ७१ ॥
रागे + + + + + + + + + + द् दोषवर्जितम् ।
प्रवीणत्वेन यो गायेत् सो(ऽयं) (श्रम ? मिश्र उ)दाहृतः ॥
सन्दष्टः कपिलो भीतः शङ्कितः सानुनासिकः ।
उद्घृष्टश्च तथा काकी शूत्कारी चाव्यवस्थितः ॥ ७३ ॥
कराली झोम्बको (वक्री प्रसारी च) निमीलकः ।
तथा निरवधानश्च वि(त्त ? ता)लश्चोष्ट्रकी तथा ॥ ७४ ॥
उद्धडो मिश्रकश्चेति निन्द्या एकोनविंशतिः ।
(स ? द)न्तसन्दष्टतो गाता सन्दष्टः परिकीर्तितः ॥ ७५ ॥
न्यूनाधिकैः स्वरैर्गीता कपिलः समुदाहृतः ।
यो गाय(ति भ)या(विष्ट)स्तं भीतं गायणं विदुः ॥ ७६ ॥
शङ्काकुलस्तु यो गायेत् स शङ्कित उदाहृतः ।
गीतं नासिकया गायेद् विज्ञेयः सानुनासिकः ॥ ७७ ॥
उद्घृष्टः सर्वतः क्षुब्धो गायन् गायण इष्यते ।
काकस्येव स्वरो यस्य स काकी परिकीर्तितः ॥ ७८ ॥
शूत्कारी शूत्कृतिप्रायो गायकः कथितो बुधैः ।
अव्यवस्थित इत्युक्तः स्थानकेष्वव्यवस्थितः ॥ ७९ ॥
उद्घाट्य वदनं गायन् करालीति निगद्यते ।
उत्फुल्लगलनयननासिको झोम्बकः स्मृतः ॥ ८० ॥
गायन् वक्रीकृतग्रीवो नाम्ना वक्री प्रकीर्तितः ।
गीतस्यातिप्रसारेण प्रसारीति निगद्यते ॥ ८१ ॥
निमील्य नयने गायन् कथितोऽसौ निमीलकः ।
गीतावधानरहितः स स्यान्निरवधानकः ॥ ८२ ॥
बितालो गायकः प्रोक्तो वितालं यस्तु गायति ।
गायन्नुष्ट्रवदासीन उष्ट्रकी संप्रकीर्तितः ॥ ८३ ॥

हनुसंचलनाद् गायञ्छागवद् गमकान्वितः ।
उद्धडः सोपहा + + + कीर्तितो गीतवेदिभिः ॥ ८४ ॥

करोति शुद्धरागस्यच्छायागलविमिश्रणम् ।
मिश्रकः स परिज्ञेयो गीततत्त्वार्थदर्शिभिः ॥ ८५ ॥

(वा ? ए)कलो यमलौ चैव सामुदायिक इत्यपि ।
गायत्यन्यानपेक्षो यः सुगीतं लक्षणान्वितम् ॥ ८६ ॥

एकलो गायकः स स्याद् द्वौ चेद् यमलगायकौ ।
मिलित्वा बहुभिर्यस्तु गीतं गायति गायणः ॥ ८७ ॥

स वृन्दगायणस्तेषां पूर्वः पूर्वो भवेद् वरः ।
गुणैर्बहुभिरल्पैश्च तारतम्यमथोच्यते ॥ ८८ ॥

विविधालप्तिचातुर्यं ग्रहे मोक्षे च दक्षता ।
स्थानत्रयप्रयोगश्च गम्भीरमधुरध्वनिः ॥ ८९ ॥

सर्ववस्तुषु गातृत्वं तालज्ञत्वं सुरेखता ।
प्रयोगे (घु ? सु)घटत्वं च रागरागाङ्गकौशलम् ॥ ९० ॥

जितश्रमत्वं कण्ठस्य वश्यत्वमवधारणा ।
मध्ये मध्ये च रागस्य प्रौढौचित्योपवेशनम् ॥ ९१ ॥

शिक्षा च तदुपाध्यायादुत्तमे गायके गुणाः ।
(ये ? ए)षां मध्ये गुणैर्द्वित्रैर्विहीनो मध्यमः स्मृतः ॥ ९२ ॥

चतुर्भिः पञ्चभिर्वापि गुणैर्हीनः कनिष्ठकः ।
उत्तमोत्तमपूर्वं च भेदजातमथोच्यते ॥ ९३ ॥

शुद्धं छायालगं चैव गीतमालप्तिसंयुतम् ।
स्थानत्रयेण यो गायेद् गीतौ स्यादुत्तमोत्तमः ॥ ९४ ॥

स्थानकाद्वितयेनैतद् गायन्नुत्तममध्यमः ।
स्थानेनैकेन यो गायेत् स भवेन्मध्यमाधमः ॥ ९५ ॥

गीतं छायालगं सम्यक् सम्यगालप्तिमीदृशीम् ।
स्थानत्रयेण यो गायेत् स कनिष्ठोत्तमः स्मृतः ॥ ९६ ॥
स्थानद्वयेन यो गायेत् स कनिष्ठेषु मध्यमः ।
स्थानेनैकेन यो गायेत् स कनिष्ठाधमः स्मृतः ॥ ९७ ॥

जाते नायकयोर्वेदे शुद्धच्छायालगेऽथवा ।
सूडौ ठायौ तयोरत्र प्रवक्ष्येते यथाक्रमम् ॥ ९८ ॥

एळा विषमकालस्य झोम्बडं च प्रदापयेत् ।
आलप्तिं तादृशीमेव थायीमेकादशाङ्गुलम् ॥ ९९ ॥

सूडं छायालगे दद्याद् ध्रुवादिविषमं तथा ।
+ + + + + + + + + थायीमपि दशाङ्गुलम् ॥ १०० ॥

गायन्या यदि वादः स्याच्छुद्धे छायालगेऽथवा ।
स्थाय्यामेव विशेषोऽस्ति सूडालप्तिस्तु पूर्ववत् ॥ १०१ ॥

चतुर्दशाङ्गुला स्थायी शुद्धे दद्याद् विचक्षणैः ।
अन्ये छायालगे (द)द्याद् द्वादशाङ्गुलसम्मिता ॥ १०२ ॥

अत्युच्चस्थानकं गीतं तालपादैरलङ्कृतम् ।
प्रयोगबहुलं रूक्षविषमं वादिवल्लभम् ॥ १०३ ॥

जयश्च विजयो नन्दो महानन्दाभिधस्तथा ।
वंशाश्चत्वार इत्युक्ता वादेषु भरतर्षिणा ॥ १०४ ॥

अथ सूडाश्च थार्यश्च वामे नियमकल्पना ।
इत्युक्तेन प्रकारेण + + + + निरूप्य च ॥ १०५ ॥
तारतम्यं तयोर्ज्ञात्वा दद्याज्जयपराजयौ ।
जितेन्द्रियः प्रगल्भश्च स्थिरासनपरिग्रहः ॥ १०६ ॥

शरीरसौष्ठवोपेतः करयोर्विजितश्रमः ।
सावधानो भयत्यक्तो रागरागाङ्गतत्त्ववित् ॥ १०७ ॥

गीतवादनदक्षश्च वैणिकः कथितो वरः ।
वृत्तित्रयानवगतिरवधानविहीनता ॥ १०८ ॥

अलङ्कारस्वराज्ञत्वं विकलाङ्गत्वमेव च ।
रागगीतस्वराणां च वादनेष्वसमर्थता ॥ १०९ ॥

इत्यादयः समुद्दिष्टा दोषा वैणिकसंश्रयाः ।
पौरत्वं सुस्वरत्वं च घनत्वं फूत्कृते गुणाः ॥ ११० ॥
अर्धमुक्तिरमुक्तिश्च मुक्तिश्चेत्यङ्गुलीवहाः ।
अङ्गुलीसारणा गम्यगमकेषु च सप्तसु ॥ १११ ॥

स्वस्थानता सुरागत्वं दक्षता गीतवादने ।
क्रियाभाषाविभाषासु रागरागाङ्गयोरपि ॥ ११२ ॥
स्वस्थाने चाप्यवस्थाने रागनिर्माणनैपुणम् ।
गातृणां स्थानदातृत्वं तद्दोषच्छादनं तथा ॥ ११३ ॥
एवमादिगुणैर्युक्तो वांशिकः प्रवरो मतः ।
फूत्कारस्खलितस्तोकयमलस्फूत्कृतस्तथा ॥ ११४ ॥
निन्दनीया इमे प्रोक्ता वंशविद्याविशारदैः ।
वहणिः कम्पितो मूर्धस्वस्थानाप्राप्तिरेव च ॥ ११५ ॥
मिथ्याप्रयोगप्राचुर्यमज्ञत्वं गीतवादने ।
एते दोषा विशेषेण वांशिकस्य प्रकीर्तिताः ॥ ११६ ॥
रागं च गमकं गीतं शुद्धे छायालगेऽथवा ।
यो वादयेत् स विज्ञेयो वादकैरुत्तमोत्तमः ॥ ११७ ॥
वाद्यन्ते रागगमका येन रागश्च केवलाः ।
तावुभौ च क्रमाद् ज्ञेयावुत्तमे मध्यमाधमौ ॥ ११८ ॥
रागं च गमकं गीतं शुद्धे यो वादयेत् तथा ।
वादकः स परिज्ञेयो गीतज्ञैर्मध्यमोत्तमः ॥ ११९ ॥
वाद्यन्ते रागगमका येन रागश्च केवलाः ।
तावुभौ च क्रमाज् ज्ञेयौ मध्यमे मध्यमाधमौ ॥ १२० ॥
रागं च गमकं गीतं (ता ? सा)लगे यश्च वादयेत् ।
वादकः स परिज्ञेयो जघन्येषूत्तमो बुधैः ॥ १२१ ॥
वाद्यन्ते रागगमका येन रागश्च केवलाः ।
तावुभौ च क्रमाज्ज्ञेयौ जघन्ये मध्यमाधमौ ॥ १२२ ॥
प्रत्येकं नवधा ज्ञेयावित्थं वैणिकवांशिकौ ।
वादे वैणिकयोर्जाते तथा वांशिकयोरपि ॥ १२३ ॥
वादने रागगमकौ तालपाठ्याः प्रदापयेत् ।
शुद्धसालगयोः सूडौ पूर्ववच्च परस्परम् ॥ १२४ ॥
तारतम्यं तयोर्ज्ञात्वा दद्याज्जयपराजयौ ।
विद्वान् कुलीनो मतिमान् नीरोगो रूपवाञ्छुचिः ॥ १२५ ॥

षण्मार्गकालभेदज्ञो यतिग्राहविशारदः ।
आलापादिक्रियाज्ञश्च तथैव ध्रुवकादिवित् ॥ १२६ ॥
यथा वाद्याक्षराणां च पाटप्रकटने पटुः ।
कर्ता कुलकवाद्यस्य तालवाद्यविधानवित् ॥ १२७ ॥
यथाक्षरविनिष्पत्तिस्तथैव यतिपूरकः ।
चतुरश्रादितालेषु बन्धवाद्यकृतिक्षमः ॥ १२८ ॥
वाद्याक्षराणां सम्बन्धेष्वर्थोत्पादनकोविदः ।
प्रशस्तकविताकारो गुणैरेभिः समन्वितः ॥ १२९ ॥
एभ्यो ये विपरीतास्ते दोषाः सद्भिरुदाहृताः ।
अर्थयुक्तस्य वाद्यस्य कर्ता स्यादुत्तमाभिधः ॥ १३० ॥
तथैव बन्धवाद्यस्य कर्ता मध्यम इष्यते ।
कर्ता कुलकवाद्यस्य कनिष्ठः कथितो + + ॥ १३१ ॥
कविताकारयोर्वादे गुणदोषैस्तदीयकैः ।
तारतम्यं तयोर्ज्ञात्वा दद्याज्जयपराजयौ ॥ १३२ ॥
सर्वेन्द्रियेष्वविकलो निपुणो निश्चलः स्वयम् ।
अङ्गदोषपरित्यक्त आलापस्य प्रमाणवित् ॥ १३३ ॥
सुस्वरातोद्य(वादित्र)वादिता सांप्रदायिकः ।
नादवृद्धिक्षयज्ञश्च ग्रहमोक्षेऽप्यलक्षितः ॥ १३४ ॥
तालप्रपञ्चकुशलः समादिग्रहवेदिता ।
न्यासापन्यासकालज्ञस्तालकोणप्रहारवित् ॥ १३५ ॥
लघुहस्तो वितानज्ञः कालवेत्ता जितश्रमः ।
तालानुगो लयज्ञश्च तालगीतानुगस्तथा ॥ १३६ ॥
ज्ञाता कुलकवाद्यस्य न्यासापन्यासकोविदः ।
गीते वाद्ये च नृत्ते चच्छिद्रावरणपण्डितः ॥ १३७ ॥
दृढप्रहारोऽप्यक्षुब्धो रञ्जको वादकः शुभः ।
स्विन्नाङ्गत्वं जडत्वं च भीतिर्निरवधानता ॥ १३८ ॥
चञ्चलत्वमदक्षत्वमप्रगल्भत्वमेव च ।
रागरागाधिकत्वं च शास्त्रश्रवणहीनता ॥ १३९ ॥

इत्यादयः समुद्दिष्टा दोषा वादकसंश्रयाः ।
स्कन्धस्य मणिबन्धस्य कूर्पराङ्गुष्ठयोरपि ॥ १४० ॥
वामस्य चरणस्यापि कम्पात् सञ्चस्तु पञ्चधा ।
सञ्चभेदात् पाटहिकस्त्रिधा हौडुक्कके.ऽपिच ॥ १४१ ॥
उत्तमादिप्रकारेण तत्स्वरूपं निरूप्यते ।
अङ्गुष्ठमणिबन्धोच(स ? त्स)ञ्चात् पाटहिकः शुभः ॥ १४२ ॥
सञ्चात् कूर्पर(जो ? तो) जातान्मणिबन्धाच्च मध्यमः ।
स्कन्धकूर्परसञ्चेन यो वादयति सोऽधमः ॥ १४३ ॥
त्रिसन्धिचालनाज्जातसञ्चाद्धौडुक्ककः शुभः ।
सञ्चात् कूर्परतो जातान्मणिबन्धाच्च मध्यमः ॥ १४४ ॥
वामपादप्रकम्पोत्थसञ्चाद्धौडुक्किकोऽधमः ।
दक्षिणे वार्तिके तालवाद्यं नैवावगच्छति ॥ १४५ ॥
शेषलक्षणसंयुक्तः स भवेदुत्तमाधमः ।
शुद्धसालगगीतानां येन नृत्तत्रयस्य च ॥ १४६ ॥
तत्त(ल्ल)क्ष्मानुसारेण स स्यान्मध्यममध्यमः ।
येन सालगगीतानां नृत्तानां प्रा(ति)कौशलम् ॥ १४७ ॥
वाद्यते लक्षणोपेतं स भवेन्मध्यमाधमः ।
+ + + पेरणाल्यस्य गुण्डल्याः पेक्खणस्य च ॥ १४८ ॥
येन लक्षणसं + + + जघन्योत्तमः स्मृतः ।
पेरणस्य च गुण्डल्या वादकस्तेषु मध्यमः ॥ १४९ ॥
+ + + + + कस्तज्ज्ञैरधमः परिकीर्तितः ।
यदि वादो भवेत् तालवाद्यवादकयोस्तदा ॥ १५० ॥
तालवाद्यं चन्द्रकलां त्रिगुणां च प्रदापयेत् ।
गीतवादकयोर्वादे सूडमेकादिसंज्ञकम् ॥ १५१ ॥
चित्रां च पद्धतिं दद्याद् वादन्यायः पुरोदितः ।
नृत्तवादकयोर्वादे वाद्यमोतादि दापयेत् ॥ १५२ ॥
तत्तद्विद्यावशादेव मान्यानपि परीक्ष्य च ।
तारतम्यं तयोर्ज्ञात्वा दद्याज्जयपराजयौ ॥ १५३ ॥

सर्वप्रयोगकुशलः सुरेखातमुखस्तथा(?) ।
प्राज्ञः कलाज्ञस्तालज्ञो नर्तनासु विशारदः ॥ १५४ ॥
(गी)तितालकलाभिज्ञो लयविन्निर्जितेन्द्रियः ।
पात्रसंक्रमणोपा(य)कुशलो नर्तकः स्वयम् ॥ १५५ ॥
संक्रामतः प्रयोगाणां मुखनृत्तस्य वेदिता ।
शिष्यनिष्पादको न्यूनाधिकविद् गतमत्सरः ॥ १५६ ॥
चार्यङ्गहारकुशलः खण्डमण्डलपण्डितः ।
नानादेशसमुत्थस्य देशीनृत्तस्य वेदि(ता) ॥ १५७ ॥
स गीताद्योतानेपुणो नर्तकः प्रवरः स्मृतः ।
वाद्यतालयतीनां च माने न्यूनाधिकेऽज्ञता ॥ १५८ ॥
स्वरो लास्यविहीनत्वं रसहावाविवेकिता ।
वैरूप्यमङ्गवैकल्यं प्रयोगेष्वप्यकौशलम् ॥ १५९ ॥
देशीमार्गाविभेदेन नृत्तशिक्षास्वनैपुणम् ।
इत्यादयः समुद्दिष्टा दोषा नर्तकसंश्रयाः ॥ १६० ॥
यथोक्तलक्षणोपेतं मार्गदेशीयमेव च ।
नृत्तं सुशिक्षयेद् (यस्तु) स भवेन्नर्तकोत्तमः ॥ १६१ ॥
केवलं मार्गनृत्तं यः शिक्षयेत् स तु मध्यमः ।
अधमः स परिज्ञेयो देशीनृत्तस्य शिक्षकः ॥ १६२ ॥
भावकत्वं रसिकता नानाभाषासु नैपुणम् ।
नानादेशसुचारित्रव्यवहारेषु दक्षता ॥ १६३ ॥
पञ्चाङ्गपरिपूर्णत्वं रञ्जकत्वं विदग्धता ।
प्रौ(ढि ? ढिः) प्रस्तावरवाक्येषु विकृतांशविदग्धता ॥ १६४ ॥
अपलानं(?) तथा रागरागा(ङ्गा)दिप्रवीणता ।
इत्यादयः समुद्दिष्टा (गुणाः) पेरणिसंश्रयाः ॥ १६५ ॥
एभ्यो ये विपरीतास्ते दोषाः (सद्)भिरुदाहृताः ।
+ + + + + विज्ञेयः पञ्चाङ्गैः सम्यगन्वितः ॥ १६६ ॥
घर्घरागीतकैवारप्रौढो मध्यम इष्यते ।
नृत्तं वागन्ध(?)कैवारानेपुणस्त्वधमो मतः ॥ १६७ ॥

पेरणीनोरे + + + + गुणे + भा + + ति(?) ।
तारतम्यं तयोर्ज्ञात्वा दद्याज्जयपराजयौ ॥ १६८ ॥

प्रागल्भ्यं सौष्ठवं रूपं यौवनं च सुरेखता ।
लाघवं गात्रवश्यत्वं गीतवाद्यानुवर्तनम् ॥ १६९ ॥
सौमनस्यमरोगित्वं स्मितपूर्वाभिभाषणम् ।
नात्यु(च्चवामन)स्थूलकृशदेहत्वमेव च ॥ १७० ॥
वलनं वर्तनं गात्रे दक्षत्वं ग्रहमोक्षयोः ।
चारीतालगतिज्ञत्वं श्यामत्वं गौरताथवा ॥ १७१ ॥
अव + + सुमेधत्वं दीर्घलोचनता तथा ।
चरणन्यासचातुर्यं मलपादिषु कौशलम् ॥ १७२ ॥
पाटज्ञता रङ्गशोभा नानादेशप्रदर्शिता ।
एवंगुणगणोपेता प्रशस्ता नर्तकी मता ॥ १७३ ॥

अञ्चिताद्यैश्च विषमं प्राञ्ज + + + + + + ।
(या) नृत्यति समीचीनं पेख्खणे सोत्तमा मता ॥ १७४ ॥
या(नृत्य)ति समीचीनं नृत्तगीतसमाश्रयम् ।
विषमत्वं समीचीनं पेख्खणे सा तु मध्यमा ॥ १७५ ॥
विषमं तु समीचीनं सा मा + + + + + + + ।
+ + + + + + रिज्ञेया पेख्खणे सा कनीयसी ॥ १७६ ॥
नर्तसोध्य + + + + पेख्खणे तद्गुणागुणैः ।
तारतम्यं तयोर्ज्ञात्वा दद्याज्जयपराजयौ ॥ १७७ ॥
+ ळिभावौ तूकली च तथा + + + + + + + ।
+ + + + भता कान्तष्टिगाम्भीर्यै + + स्तथा ॥ १७८ ॥

ततो बहुलिकत्वं च रञ्जकत्वं विदग्धता ।
अज्ञानज्ञपरिज्ञानप्रौढिर्मत्सरहीनता ॥ १७९ ॥
+ नि श्रेष्ठं च शारीरतारे गानं मनोह(रम्) ।
+ + + + + + + + + येठापश्चांशकपूर्वकः ॥ १८० ॥

इत्यादयस्तु गुण्डल्या गुणाः सद्भिरुदाहृताः ।
एभ्यो ये विपरीतास्ते दोषास्तज्ज्ञैरुदाहृताः ॥ १८१ ॥

यत्र गीतं च नृत्तं च + + मतिमनो + + ।
+ + + + + + + + + + + + + लीषूत्तमा बुधैः ॥ १८२ ॥
सामान्यनर्तनं यत्र सम्यग्गीतं प्रवर्तते ।
मध्यमा कथिता सेयं गुण्डलीति मनीषिभिः ॥ १८३ ॥
यत्र प्रवर्तते सद्य नृत्तर्गातं तु मध्यमः ।
अधमा सा + + + + + + + + + + + + + क्षणैः ॥ १८४ ॥
गुण्डल्योर्यदि वादः स्यादेभिरेव गुणागुणैः ।
तारतम्यं तयोर्ज्ञात्वा दद्याज्जयपराजयौ ॥ १८५ ॥
मतेन पणबन्धेन वादिनोर्वादकल्पना ।
+ + + + + + + + + + + + + + पणशेषतः ॥ १८६ ॥
अत्युक्ति देहदण्डं च सर्वस्वहरणं तथा ।
दुर्वाक्यं चैव कैवारं वादकाले सभापतिः ॥ १८७ ॥
मीमांसाद्वयवेदान्तन्यायवैशेषिकागमैः ।
+ + + + + + + + + गम्यो गीतेन सङ्करः ॥ १८८ ॥
पाराशर्यपराशरौ भृगुमयौ संवर्तकात्यायना-
वापस्तम्बबृहस्पती सलिखितौ हारीतदक्षौ मनुः ।
विष्वग्ग्रीवसगौत(म) + + + + + + + पि दाक्षाय +
सर्वे मोक्षदमित्यु(छ ? श)न्ति मुनयो गीतं तदेवोक्तितः ॥ १८९ ॥

इति सङ्गीताकरनामधेयश्रीपार्श्वदेवविरचिते सङ्गीतसमयसारे
गीताधिकरणमष्टमम् ॥

अथ नवममधिकरणम् ।

तालस्य लक्षणं + + + + + + + + + + + + ।
तथा सलक्षणं वक्ष्ये पूर्वशास्त्रानुसारतः ॥ १ ॥
श्रीसोमेश्वरदत्तिलप्रभृतिभिस्तालस्वरूपं पुरा
प्रोक्तं सर्वजगद्धिताय चतुरश्रादिप्रभेदा + + ।
+ + + (तादि ?) तादिभेदसहितं तालस्य षट्प्रत्ययं
सङ्गीताकरसूरिणा निगदितं चित्रायमानं भुवि(?) ॥ २ ॥

तालद्वयं कंसमयं त्रिहस्त-
शाखान्त + + यवमानपिण्डम् ।
गुञ्जाप्रमाच्छिद्रितनिम्नमध्यं
+ + + + मेव च + + ॥ ३ ॥

परस्परं सन्निभवर्तुलाननं
प्रचित्रपट्टावलि + + बन्धितम् ।
कनिष्ठिकानामिकमध्यमाङ्गुलीः
प्रसार्य साङ्गुष्ठकतर्जनोधृतम् ॥ ४ ॥

सव्येन हस्तेन तु ताण्ड + + +
+ + + + + + रमणीयनादम् ।
बिन्दूद्भवं शक्तिशिवस्वरूप-
माधारका + + + + शादनित्यम् (?) ॥ ५ ॥

मनोगा हस्तगा चास्य द्विविधा मानकल्पना ।
प्रमाणं मानसं य : चतुर्भाग इतीरितः ॥ ६ ॥

हस्तागमनमानं यत् तदर्धाद् द्रुतमुच्यते (?) ।
अङ्गुलीद्वयसंयोगान्मनोगः सार्धपादकः ॥ ७ ॥

छोटिकात्रपमानं यद् बिन्दुस्तालस्ततस्ततः ।
बिन्दुभ्यां तु लघु प्रोक्तं लघुभ्यां तु गुरुः स्मृतः ॥ ८ ॥

लघुभिस्त्रिभिश्च प्लुतो ज्ञेय इति मान उदाहृतः ।
समतालसुमध्यविवर्जितः समयोऽयमभूल्लयतालयः ॥ ९ ॥

द्रुतमध्यविलम्बितमानतस्त्रिविधो लयभेद उदाहृतः ।
प्रोक्ता यतिः स्याल्लययानमाना त्रेधे + पश्चादनतिक्रमेण ।
चित्रादिमार्गेषु यतिः समा स्यात् स्रोतोवहा गोकुलपुच्छिकेति ॥ १० ॥

प्रस्तारसंख्यया युक्तं (नष्ट)मुद्दिष्टमेव च ॥ ११ ॥

एकद्व्यादिलघूपेतमध्वयोगं प्रचक्ष्महे ।
दलगपपिण्डं प्राक्तनपिण्डं भित्त्वा यथाक्षरं रचयेत् ।
तत्सममालिख पुरतो यावल्लघु बिन्दुतामेति ॥ १२ ॥

॥ प्रस्तारः ॥

पीयूषद्युतिलोचनत्रिपुरजिद्दिव्याम्बरं दिव्यदृग्-
ग्रन्थोपेतदशाङ्कमालिख पुरा तत्रान्तिमाङ्कद्वयम् ।
एकैकान्तरितैकराशिसहितं राशिं विदध्यात् सुधीः
सङ्गीताकरदेवनिर्मितद्रुतोत्संख्यार्थमाप्तोक्तितः ॥ १३ ॥

॥ द्रुतसंख्या ॥

हिमकरनयनाम्भोराशिसंख्यां लिखेत् तत्-
त्रयमिलितमधस्तात् तद्वदासन्नसंस्थम् ।
उपरितननिविष्टामङ्कमालां क्रमेण
त्यज लघुगणनार्थं यावदस्ति प्रयोगः ॥ १४ ॥

॥ लघुसंख्या ॥

संख्याराशावपहर तथा नष्टतालप्रमाणं
शेषं तस्मिन्नपि च सदृशे लेख्यहीने च तत्र ।
वर्णः कार्यः स्वपरसहितं चेन्न वर्णः परेण
प्रागङ्केन द्वयमपि पुनर्दीर्घमेतत् प्लुतं वा ॥ १५ ॥

॥ नष्टम् ॥

लगपानामधस्ताद् यत् तदंशकं लोप्यमेव च ॥ १६ ॥
संख्यातं तु तदुद्दिष्टं निर्दिष्टं शेषदर्शनात् ।

॥ उद्दिष्टम् ॥

बिन्दुप्रस्तरणात् परं लिख तथा व्यन्तं क्रमाद् द्व्यादिना
यत्तत् तद्द्वयमेकशोऽप्यपहृतं द्वन्द्वं मिलित्वाधुना ।
आसन्नद्वयमेलनाद् द्रुतलघुप्रान्तं तदूर्ध्वक्रमा-
देकैकान्तरितोऽङ्कतः परिमितं दीर्घं प्लुतं धीमता ॥ १७ ॥

॥ द्रुतस्यैकद्व्यादिलघुक्रिया ॥

एकं द्विपञ्चक्रमतो मिलित्वा लघुप्रसंख्याद्वितयादियुक्तम् ।
अधो विलासन्नगतित्रिराशलब्ध्वादि(सं)ख्यापरिमाणहेतोः (?) ॥

॥ लघ्वेकद्व्यादिलघुक्रिया ॥

आलिख्य तालसंख्यां तत्संख्यां द्विगुणयेत् पुनर्धीमान् ।
तत्रैकविहीनं चेदङ्गुल्यः स्याः क्रमादध्वे (?) ॥ १९ ॥

॥ अध्वयोगः ॥

द्वादशाङ्गुलिभिस्तु वितस्तिस्तद्द्वयेन तु हस्त इति स्यात् ।
तच्चतुर्दण्ड तद्विसहस्रक्रोशतद्वार्धयोजन एकः (?) ॥ २० ॥

नानाराजसभान्तराल(सरि ? रसि)कस्तुत्यश्रुतिज्ञानस-
चक्रेशो रसभावभेदनिपुणः साहित्यविद्यापतिः ।
सङ्गीताकरनामधेयविबुधश्रीपार्श्वदेवो + +
चित्रं सर्वजगत्प्रियं व्यरचयत् तालस्य षट्प्रत्ययम् ॥ २१ ॥

इति श्रीमदभिनवभरताचार्यसरविमलहेर्म्मणार्यविद्यापुत्रश्रुति-
ज्ञानच(क)वर्तिसङ्गीताकरनामधेयपार्श्वदेवविरचिते
सङ्गीतसमयसारे तालषट्प्रत्ययलक्षणं
नाम नवममधिकरणम् ॥

शुभं भूयात् ।

READY FOR SALE.

	RS.	AS.	P.
भक्तिमञ्जरी (Stuti) by H. H. Svâti Srî Râma Varma Mahârâjah.	1	0	0
स्यानन्दूरपुरवर्णनप्रबन्धः (Kavya) Syânandûrapuravarnanaprabandha by H. H. Svâti Srî Râma Varma Mahârâjah, with the commentary Sundarî of Râjarâja Varma Koil Tampurân.	2	0	0

Trivandrum Sanskrit Series.

	RS.	AS.	P.
No. 1—दैवम् (Vyâkarana) by Deva with Purushakâra of Krishnalîlâsukamuni.	1	0	0
No. 2—अभिनवकौस्तुभमाला-दक्षिणामूर्तिस्तवौ by Krishnalîlâsukamuni.	0	2	0
No. 3—नलाभ्युदयः (Kâvya) by Vâmana Bhatta Bâna (Second Edition).	0	4	0
No. 4—शिवलीलार्णवः (Kâvya) by Nîlakantha Dikshita.	2	0	0
No. 5—व्यक्तिविवेकः (Alankâra) by Mahima Bhatta with commentary.	2	12	0
No. 6—दुर्घटवृत्तिः (Vyâkarana) by Saranadeva.	2	0	0
No. 7—ब्रह्मतत्त्वप्रकाशिका (Vedânta) by Sadâsivendra Sarasvatî.	2	4	0
No. 8—प्रद्युम्नाभ्युदयम् (Nâtaka) by Ravi Varma Bhûpa.	1	0	0
No. 9—विरूपाक्षपञ्चाशिका (Vedânta) by Virûpâkshanâtha with the commentary of Vidyâchakravartin.	0	8	0
No. 10—मातङ्गलीला (Gajalakshana) by Nîlakantha.	0	8	0
No. 11—तपतीसंवरणम् (Nâtaka) by Kulasekhara Varma with the commentary of Sivarâma.	2	4	0
No. 12—परमार्थसारम् (Vedânta) by Bhagavad Âdisesha with the commentary of Râghavânanda.	0	8	0
No. 13—सुभद्राधनञ्जयम् (Nâtaka) by Kulasekhara Varma with the commentary of Sivarâma.	2	0	0

	RS.	AS.	P.
No. 14—नीतिसारः (Niti) by Kâmandaka, with the commentary of Sankarârya.	3	8	0
No. 15—स्वप्नवासवदत्तम् (Nâtaka) by Bhâsa. (Second Edition).	1	8	0
No. 16—प्रतिज्ञायौगन्धरायणम् (Nâtaka) by Bhâsa.	1	8	0
No. 17—पञ्चरात्रम् Do. Do.	1	0	0
No. 18—नारायणीयम् (Stuti) by Nârâyana Bhatta with the commentary of Desamangala Vârya.	4	0	0
No. 19—मानमेयोदयः (Mîmâmsâ) by Nârâyana Bhatta and Nârâyana Pandita.	1	4	0
No. 20—अविमारकम् (Nâtaka) by Bhâsa.	1	8	0
No. 21—बालचरितम् Do. Do.	1	0	0
No. 22—मध्यमव्यायोग-दूतवाक्य-दूतघटोत्कच-कर्णभारोरुभङ्गानि (Nâtaka) by Bhâsa.	1	8	0
No. 23—नानार्थार्णवसंक्षेपः (Kosa) by Kesavaswâmin (Part I. 1st & 2nd Kândas).	1	12	0
No. 24—जानकीपरिणयः (Kâvya) by Chakra kavi.	1	0	0
No. 25—काणादसिद्धान्तचन्द्रिका (Nyâya) by Gangâdharasûri.	0	12	0
No. 26—अभिषेकनाटकम् (Nâtaka) by Bhâsa.	0	12	0
No. 27—कुमारसम्भवः (Kâvya) by Kâlidâsa with the two commentaries, Prakâsikâ of Arunagirinâtha and Vivarana of Nârâyana Pandita (Part I. 1st & 2nd Sargas).	1	12	0
No. 28—वैखानसधर्मप्रश्नः (Dharmasûtra) by Vikhanas.	0	8	0
No. 29—नानार्थार्णवसंक्षेपः (Kosa) by Kesavaswâmin (Part II. 3rd Kânda).	2	4	0
No. 30—वास्तुविद्या (Silpa).	0	12	0
No. 31—नानार्थार्णवसंक्षेपः (Kosa) by Kesavaswâmin (Part III. 4th, 5th & 6th Kândas).	1	0	0

	RS.	AS.	P.
No. 32—कुमारसम्भवः (Kâvya) by Kâlidâsa with the two commentaries, Prakâsikâ of Arunagirinâtha and Vivarana of Nârâyana Pandita (Part II, 3rd, 4th & 5th Sargas).	2	8	0
No. 33—वाररुचसंग्रहः (Vyâkarana) with the commentary Dipaprabhâ of Nârâyana.	0	8	0
No. 34—मणिदर्पणः (शब्दपरिच्छेदः) (Nyâya) by Râjachûdâmanimakhin.	1	4	0
No. 35—मणिसारः (अनुमानखण्डः) (Nyâya) by Gopînâtha.	1	8	0
No. 36—कुमारसम्भवः (Kâvya) by Kâlidâsa with the two commentaries, Prakâsikâ of Arunagirinâtha and Vivarana of Nârâyana Pandita (Part III. 6th, 7th & 8th Sargas).	3	0	0
No. 37—आशौचाष्टकम् (Smriti) by Vararuchi with commentary.	0	4	0
No. 38—नामलिङ्गानुशासनम् (Kosa) by Amarasimha with the commentary Tikâsarvasva of Vandyaghatîya Sarvânanda (Part I. 1st Kânda).	2	0	0
No. 39—चारुदत्तम् (Nâtaka) by Bhâsa.	0	12	0
No. 40—अलङ्कारसूत्रम् (Alankâra) by Râjânaka Sri Ruyyaka with the Alankârasarvaswa of Sri Mankhuka and its commentary by Samudrabandha.	2	8	0
No. 41—अध्यात्मपटलम् (Kalpa) by Apastamba with Vivarana of Srî Sankara Bhagavat Pâda.	0	4	0
No. 42—प्रतिमानाटकम् (Nâtaka) by Bhâsa.	1	8	0
No. 43—नामलिङ्गानुशासनम् (Kosa) by Amarasimha with the two commentaries, Amarakosodghâtana of Kshîraswâmin and Tîkâsarvaswa of Vandyaghatîya Sarvânanda (Part II. 2nd Kânda 1—6 Vargas).	2	8	0

	RS.	AS.	P.
No. 44—तन्त्रशुद्धम् (Tantra) by Bhattâraka Srî Vedottama.	0	4	0
No. 45—प्रपञ्चहृदयम् (Prapanchahridaya).	1	0	0
No. 46—परिभाषावृत्तिः (Vyâkarana) by Nîlakantha Dîkshita.	0	8	0
No. 47—सिद्धान्तसिद्धाञ्जनम् (Vedânta) by Srî Krishnânanda Sarasvatî. (Part I).	1	12	0
No. 48— Do. Do. (Part II).	2	0	0
No. 49—गोलदीपिका (Jyotisha) by Parameswara.	0	4	0
No. 50—रसार्णवसुधाकरः (Alankâra) by Singa Bhûpâla.	3	0	0
No. 51—नामलिङ्गानुशासनम् (Kosa) by Amarasimha with the two commentaries, Amarakosodghâtana of Kshîraswâmin and Tîkâsarvaswa of Vandyaghatîya Sarvânanda (Part III. 2nd Kânda 7—10 Vargas).	2	0	0
No. 52—नामलिङ्गानुशासनम् (Kosa) by Amarasimha with the commentary Tîkâsarvaswa of Vandyaghatîya Sarvânanda (Part IV. 3rd Kânda)	1	8	0
No. 53—शाब्दनिर्णयः (Vedânta) by Prakâsâtmayatîndra.	0	12	0
No. 54—स्फोटसिद्धिन्यायविचारः (Vyâkarana).	0	4	0
No. 55—मत्तविलासप्रहसनम् (Nâtaka) by Srî Mahendravikramavarman.	0	8	0
No. 56—मनुष्यालयचन्द्रिका (Silpa).	0	8	0
No. 57—रघुवीरचरितम् (Kâvya).	1	4	0
No. 58—सिद्धान्तसिद्धाञ्जनम् (Vedânta) by Srî Krishnânanda Saraswatî (Part III).	2	0	0
No. 59—नागानन्दम् (Nâtaka) by Srîharshadeva with the commentary Nâgânandavimarsinî of Sivarâma.	3	4	0
No. 60—लघुस्तुतिः (Stuti) by Srî Laghubhattâraka with the commentary of Srî Râghavânanda.	0	8	0

	RS.	AS.	P.
No. 61—सिद्धान्तसिद्धाञ्जनम् (Vedânta) by Srî Krishnânanda Sarasvati (Part IV).	1	8	0
No. 62—सर्वमतसंग्रहः (Sarvamatasangraha).	0	8	0
No. 63—किरातार्जुनीयम् (Kâvya) by Bharavi with the commentary Sabdârthadîpika of Chitrabhânu (1, 2 and 3 Sargas).	2	8	0
No. 64—मेघसन्देशः (Kâvya) by Kâlidasa with the commentary Pradipa of Dakshinâvartanatha.	1	0	0
No. 65—मयमतम् (Silpa) by Mayamuni.	3	8	0
No. 66—महार्थमञ्जरी (Darsana) with the commentary Parimala of Maheswarânanda.	2	8	0
No. 67—तन्त्रसमुच्चयः (Tantra) by Nârâyana with the commentary Vimarsini of Sankara (Part I. 1–6 Patalas).	3	4	0
No. 68—तत्त्वप्रकाशः (Agama) by Sri Bhojadeva with the commentary Tâtparyadîpikâ of Sri Kumara.	2	0	0
No. 69—ईशानशिवगुरुदेवपद्धतिः (Tantra) by Isânasivagurudevamisra (Part I. Sâmānyapâda).	1	8	0
No. 70—आर्यमञ्जुश्रीमूलकल्पः (Part I).	2	8	0
No. 71—तन्त्रसमुच्चयः (Tantra) by Nârâyana with the commentary Vimarsini of Sankara (Part II. 7—12 Patalas).	3	8	0
No. 72—ईशानशिवगुरुदेवपद्धतिः (Tantra) by Isanasivagurudevamisra (Part II. Mantrapada).	4	0	0
No. 73—ईश्वरप्रतिपत्तिप्रकाशः (Vedanta) by Sri Madhusudanasarasvati.	0	4	0

	RS.	AS.	P.
No. 74— श्रीयाज्ञवल्क्यस्मृतिः (Dharmaśâstra) with the commentary Bâlakrîdâ of Visvarûpâchârya. (Part I—Âchâra and Vyavahâra Adhyâyas).	4	0	0
No. 75—शिल्परत्नम् (Silpa) by Srîkumâra (Part I).	3	4	0
No. 76—आर्यमञ्जुश्रीमूलकल्पः (Part II).	3	4	0
No. 77—ईशानशिवगुरुदेवपद्धतिः (Tantra) by Isanasivagurudevamisra (Part III. Kriyapada 1—30 Patalas).	3	4	0
No. 78—आश्वलायनगृह्यसूत्रम् with the commentary Anavila of Haradattacharya.	5	0	0
No. 79—अर्थशास्त्रम् of Kautalya with commentary by Mahamahopadhyaya T. Ganapati Sastri (Part I—1 & 2 Adhikaranas).	8	0	0
No. 80—अर्थशास्त्रम् of Kautalya with commentary by Mahamahopadhyaya T. Ganapati Sastri (Part II—3 to 7 Adhikaranas).	8	0	0
No. 81—श्रीयाज्ञवल्क्यस्मृतिः (Dharmasastra) with the commentary Bâlakrida of Visvarûpâchârya (Part II. Prâyaschittâdhyâya).	3	12	0
No. 82—अर्थशास्त्रम् of Kautalya with commentary by Mahamahopadhyaya T. Ganapati Sastri (Part III—8 to 15 Adhikaranas).	8	0	0
No. 83—ईशानशिवगुरुदेवपद्धतिः (Tantra) by Isanasivagurudevamisra (Part IV. Kriyapada 31–64 Patalas and Yogapada).	4	0	0
No. 84—आर्यमञ्जुश्रीमूलकल्पः (Part III).	2	12	0
No. 85—विष्णुसंहिता (Tantra).	4	8	0

	RS.	AS.	P.
No. 86— भरतचरितम् (Kâvya) of Srî Krishnakavi.	2	0	0
No. 87— सङ्गीतसमयसार: (Sangîta) of Sangîtâkara Srî Pârsvadeva.	1	12	0

Apply to:—

The Curator,

for the publication of Sanskrit Manuscripts,

Trivandrum.